Masaru Emoto

Wasserkristalle

Was das Wasser zu sagen hat

KOHA Verlag

Masaru Emoto

Wasserkristalle

Was das Wasser zu sagen hat

KOHA
Verlag

Titel der Originalausgabe:
»Water tells us precious things«, printed 2001
IHM, Tokio, Japan
Aus dem Japanischen von Dr. Monika Wacker
Die Deutsche Bibliothek – CIP-Einheitsaufnahme
 – 4. Auflage: Januar 2003
Lektorat: Silvia Krantz
Gesamtherstellung: jn medien
Druck: Finidr
ISBN 3-929512-20-3

Inhalt

Vorwort

Die Botschaft ist angekommen

Als ich im Juni 1999 das Buch »Die Botschaft des Wassers« veröffentlichte, hatte ich nicht im Traum daran gedacht, dass sich das Buch wie ein Lauffeuer verbreiten könnte. Umso mehr freut es mich natürlich, dass dieses Werk mittlerweile die sechste Auflage mit mehr als siebzigtausend verkauften Exemplaren erreicht hat – heutzutage ein Novum für Sachbücher.

Wenn man bedenkt, dass der Verkauf zunächst nur über private Kontakte und durch Mund-zu-Mund-Propaganda zustande kam, überrascht dies noch mehr. Außerdem gab es während der ersten neun Monate keine nennenswerte Werbung. Die Tatsache, dass es sich bei »Die Botschaft des Wassers« in erster Linie um einen Bildband handelt, was die Herstellungskosten enorm in die Höhe trieb, trug nicht gerade dazu bei, die Verkaufsparameter zu optimieren. Wie mir die Verleger versicherten, hat es noch nie ein Werk gegeben, das unter solch schwierigen Bedingungen innerhalb der ersten acht Monate mehr als fünfzigtausend Exemplare verkaufen konnte. Ein Grund für diesen Erfolg sind sicherlich die faszinierenden Farbfotografien. Eine mindestens ebenso große Bedeutung messe ich aber dem aktuellen Zeitgeschehen bei. Dieses Buch hat die Herzen der Menschen zur richtigen Zeit erreicht, wo sich die Botschaft des Lebens mit Hilfe des Wassers als Informationsträger auf eine wunderbare Art und Weise verbreiten konnte.

Da es mir wichtig war, dass allen Menschen das Wissen um die Botschaft des Wassers zuteil werden konnte, gab es zu jedem japanischen einen entsprechenden englischen Text. So fand dieses Buch nicht nur in Japan, sondern auch im Ausland großen Anklang.

Die Welle der Begeisterung konnte ich unmittelbar an der Intensität der Leser-Resonanz ablesen. Dem Bildband war eine Postkarte beigefügt, mit der ich die Leser aufforderte, mir ihre Eindrücke zum Buch mitzuteilen. Ich wollte einfach wissen, wie dieses Buch ankommt, welche Fragen, Wünsche und Vorstellungen dadurch ausgelöst werden. Weit mehr als tausend Zuschriften haben mich bis zum heutigen Tag erreicht und die Reaktionen waren überwältigend, voll Dankbarkeit und Anerkennung.

So möchte auch ich mich bei Ihnen bedanken, denn erst durch Ihre Reaktionen sehe ich nun, wie Sie das Buch benutzt haben und welche Rückschlüsse Sie daraus gezogen haben. Dabei konnten viele Leser mehr Nutzen aus dem Buch ziehen, als ich ursprünglich dachte, da sie die Anregungen geschickt in ihr Leben integrierten. So habe auch ich aus den Postkarten und Briefen ungeahnten Nutzen erfahren dürfen. Von der banalsten Frage bis hin zu hochqualifizierten Meinungen oder zum wissenschaftlichen Hinweis – all Ihre Informationen haben mir geholfen, meine Ideen und Vorstellungen weiter zu vertiefen.

Die Texte in »Die Botschaft des Wassers« sind wertfrei. Ich habe mich bemüht, in meiner Betrachtung neutral zu bleiben. Was ich damit sagen will ist, dass man die Dinge von unterschiedlichen Blickwinkeln aus betrachten kann. Ich glaube, das war gut so, da es sich um eine interaktive Publikation handelt, haben die Leser die Möglichkeit, sich ihre eigenen Gedanken zu machen.

Da ich zum einen nicht die Zeit habe und zum anderen die meisten Fragen im Grunde ohnehin ähnlich sind, möchte ich mit diesem Buch die Gelegenheit nutzen, die häufigsten Fragen in aller Ausführlichkeit für Sie zu beantworten. Dieses Buch besteht daher aus zwei Teilen, einem Erklärungsteil und einem Fragen-und-Antworten-Teil, der sich aus der Leserumfrage zu »Die Botschaft des Wassers« ergab.

Ich wünsche Ihnen nun viel Freude und Erkenntnis beim Lesen dieses Buches und hoffe, dass es mir gelungen ist, in Ihnen die gleiche Begeisterung für das Wasser zu wecken, wie ich sie in mir schon mehrere Jahre spüren darf.

Herzlichst Ihr Masaru Emoto
Tokio im Februar 2001

Kapitel 1
Was bedeutet »Die Botschaft des Wassers«?

Die Entstehungsgeschichte

Eigentlich bin ich ein ganz gewöhnlicher Mann. Aber warum sage ich »eigentlich«? Nun – als ich vor etwa zwölf Jahren in Amerika mit einem seltsamen Apparat Bekanntschaft machte, veränderte sich mein Leben. Schon beim ersten Anblick durchfuhr mich ein eigenartiges Gefühl, und ich entschloss mich kurzerhand, diesen Apparat mit in meine japanische Heimat zu nehmen. Der Apparat, der es mir so antat, war ein sogenannter Magnetic Resonanz Analyser (MRA). Mit ihm ist es möglich, bestimmte Frequenzen beispielsweise von Flüssigkeiten oder lebenden Organismen zu messen. Niemand in Japan hatte damals ein vergleichbares Gerät, es war der erste Schwingungsmesser dieser Art. Ich hatte anfangs noch keine genaue Vorstellung, aber mir war klar, dass dieser Apparat mir bei meinen Forschungen große Dienste leisten könnte.

Wie das Leben so spielt, hatte ich natürlich keine Zeit, mich sofort nach meiner Rückkehr aus den USA mit dem MRA zu beschäftigen. Stattdessen gab ich ihn meinen Mitarbeitern in der Hoffnung, dass sie schon etwas damit anfangen könnten. Das erste halbe Jahr funktionierte der Apparat überhaupt nicht. Die Angestellten meines Forschungslabors, die ihn benutzen sollten, waren schon verzweifelt. Keiner konnte mit dem Ding so richtig umgehen. Als ich eines Tages einen Mitarbeiter sagen hörte, dass ich mit dem MRA nur ein nichtsnutziges Spielzeug angeschleppt hätte, war ich in meiner Ehre gepackt. »Lasst mich es mal ausprobieren«, sagte ich mit einer Überzeugung in der Stimme, die mir fast selbst ein wenig Angst bereitete.

Man konnte die Stille förmlich hören. Es lag Spannung in der Luft. Keiner glaubte daran, dass ausgerechnet ich dieses Ding bedienen konnte. Und wenn ich es genau bedenke, hätte ich mich der allgemeinen Meinung nur anschließen können.

Jeder, der mich nur annähernd kannte, hätte nicht einen müden Yen darauf gewettet, dass ich dieses Ding bedienen konnte. All meine Mitarbeiter wussten, dass ich nicht einmal einen Computer richtig bedienen kann und aus diesem Grund meine Korrespondenz noch heute mit der Hand schreibe. Aber es geschah etwas Außergewöhnliches! Ausgerechnet ich hatte dieses technische Unikum sofort im Griff. Es war Liebe auf den ersten Blick oder reine Intuition. Wie dem auch sei – ich konnte den MRA jedenfalls auf Anhieb richtig bedienen. Meine Angestellten waren allesamt erstaunt und sie fragten sich, warum die Maschine bei mir plötzlich ohne Probleme arbeitete. Für mich liegt die Antwort auf der Hand. Dieses Gerät sollte man nicht wie eine Maschine behandeln, sondern vielmehr wie ein Musikinstrument! Es fühlt sich an, wie wenn man ein Musikinstrument spielt. Es hat viel mit Emotion und Intuition zu tun. Das erklärt mir auch, warum ich den MRA sofort in mein Herz geschlossen hatte. In der Tat, mit Maschinen kann ich nicht umgehen, aber seit meiner Kindheit liebe ich die Musik. Als Kind habe ich mir selbst Klavier und Geige beigebracht, so dass ich diese Instrumente heute einigermaßen gut spiele. Die wundersame Begegnung mit dem MRA sorgte schließlich dafür, dass ich heute von mir sagen kann, kein gewöhnlicher Mann mehr zu sein, wenn dies auch komisch klingen mag, wenn ich so etwas von mir behaupte.

Motiviert vom durchschlagenden Erfolg wollte ich die neue Technik natürlich auf Herz und Nieren prüfen. Sofort begann ich mit sogenannten Schwingungs-Consultings. Alle Freunde, Bekannten und Angestellten stellten sich dafür zur Verfügung. Bei den Schwingungs-Consultings ermittle ich mit dem MRA die für die betreffende Person dissonante Frequenz. Ich begann also auf diese Weise die unharmonischen Frequenzen zu messen. Nachdem ich diese erhalten hatte, war es mir möglich, genau die passende »Gegenfrequenz« zu ermitteln. Da Wasser ein hervorragender Informationsträger ist, versetzte ich es mit der »heilbringenden« Frequenz und gab es den Versuchspersonen zu trinken. Jeder erhielt so sein ganz individuelles Schwingungsmuster, das ihm zu seinem Heilsein fehlte.

Die Ergebnisse waren verblüffend und es sprach sich schnell herum, so dass ich bald fünf bis sechs Personen täglich beraten konnte. Innerhalb von drei Jahren waren mehr als viertausend Menschen in meinem Forschungslabor gewesen. Dabei zeigte sich, dass die von mir angewandte Methode der »Behandlung« mit hoher Wahrscheinlichkeit zum Heil der Menschen eingesetzt werden konnte. Diese Erfolge veranlassten mich, meine Theorie zur Heilung mit Schwingungen in dem Buch »Prolog für das Zeitalter der Schwingungen«, erschienen im Sunroad Verlag (1992), niederzuschreiben, was einen richtigen »Schwingungs-Boom« auslöste.

Ein Geistesblitz zeigte den Weg

»Warum kann man mit Wasser heilen?« Diese Frage stellte ich mir jeden Tag aufs Neue. Mein Interesse am Wasser war nicht mehr zu bremsen. Ich wollte das Mysterium des Wassers erforschen. Mein Forschungsinteresse galt jedoch nicht der physikalischen Sicht wie der Anomalie des Wassers. Mir ging es bei meiner Forschung vielmehr um die Fähigkeit des Wassers als Informationsträger. Irgendwie war ich tief in meinem Inneren davon überzeugt, dass Wasser ein Informationsträger besonderer Art sein müsse. Ich begann darüber nachzudenken, wie dies zu erklären sei. Ich wollte nicht eher aufhören zu fragen, bis ich eine Antwort darauf gefunden hatte. Schon als Kind quälte ich meine Eltern ständig mit den Warum- und Weshalb-Fragen. Obwohl ich meine Eltern damit immer wieder in Verlegenheit brachte, stellte ich bereits in der Kindheit fest, dass ich nur lange genug nach dem »Warum« fragen musste, um irgendwann eine befriedigende Antwort zu bekommen.

Genau so war es auch in diesem Fall. Mehr als drei Jahre quälte mich die Frage: »Warum kann Wasser heilen?« Urplötzlich hatte ich die Antwort! Es geschah in der Hitze des Sommers 1994, als ich beim Durchstöbern verschiedener Bücher plötzlich die verschlüsselte Antwort lesen konnte. Da stand: »Es gibt keine zwei identischen Schneeflocken.« Wie Schuppen fiel es mir von den Augen!

Ich verfolgte den Kreislauf des Wassers in Gedanken. Schnee ist gefrorener Wasserdampf. Wasserdampf ist verdunstetes Wasser. Es war immer das gleiche Wasser, nur in anderen Zustandsformen. Die Information ist aber an das Wasser gebunden, deshalb gibt es auch keine identischen Schneekristalle – das hatte ich zwar bereits in der Grundschule gelernt, diese Erkenntnis bekam in diesem Augenblick, da mir diese Gedanken durch den Kopf schossen, jedoch eine vollkommen neue Bedeutung. Wenn es unterschiedliche Formen für die Kristalle des Wassers gibt, dann muss auch das, was das Wasser »in-form-iert«, einen anderen Informationsgehalt haben.

So gab es viele Fragen, die sich plötzlich auftürmten und die es zu beantworten galt, wie zum Beispiel die Frage, ob man in einem Großstadtbüro ohne besondere Einrichtungen Aufnahmen mit 200- bis 500-facher Vergrößerung machen kann, wo doch jede kleinste Erschütterung das Bild verwackeln könnte? Meine Gedanken kreisten den ganzen Tag immer nur um diese oder ähnliche Probleme. Das lag einfach daran, dass ich unerfahren war und nicht wusste, wie sich das alles bewerkstelligen lassen sollte.

Eine glückliche Fügung des Schicksals wollte es, dass gerade zu dieser Zeit Dr. Kazuya Ishibashi neu in mein Forschungsteam kam. Sogleich bemerkte ich seine Begabung und ich war mir sicher, dass er diese Aufnahmen von Eiskristallen machen könnte. Ich beauftragte ihn also Eiskristalle zu fotografieren. Es war sicherlich kein banales Forschungsunternehmen, da die ganzen Versuchsanordnungen erst neu erdacht und geschaffen werden mussten. Es gab auch keine Literatur, wo man Ähnliches nachlesen konnte. Aber ich hatte volles Vertrauen in ihn und ich war mir sicher, dass er es schaffen würde. Obwohl Dr. Ishibashi zunächst skeptisch war, machte er sich an die Arbeit. Er versuchte durch das Einfrieren des Wassers die Veränderungen zu dokumentieren, die das Wasser durch äußere Einflüsse erfahren hatte. An den unterschiedlichen Eiskristallen sollte sich der jeweils andere »Informationsgehalt« des Wassers zeigen. Dr. Ishibashi war ein echter Naturwissenschaftler, und er war zudem extrem begabt. Dennoch sollte es lange dauern, ehe es ihm gelang, Eiskristalle unter dem Mikroskop zu fotografieren. Ein langer Weg voller Hindernisse und Fehlschläge musste durchschritten werden.

Bis der erste Kristall fotografiert war

(von Dr. Kazuya Ishibashi)

Doch bevor der erste Kristall fotografiert war, gab es etliche Hindernisse zu bewältigen. Wenn man sich in ein unbekanntes Forschungsgebiet vorwagt, braucht man unbedingt grenzenloses Vertrauen in die Sache und eine nicht zu unterschätzende Hartnäckigkeit. Obwohl ich mir die Methode ausdachte, war es Dr. Ishibashi, der die praktische Arbeit leistete. Aus seiner Arbeit möchte ich die wichtigsten Erkenntnisse darstellen.

> »Während in den letzten Jahren die Qualität des Trinkwassers immer schlechter wurde, gingen immer mehr Menschen dazu über, das Wasser zu filtern oder Mineralwasser zu trinken. Die Funktionalität des Wassers wird dabei jedoch vollkommen vernachlässigt. Dabei ist bekannt, dass gerade die Wirkung des Wassers von grundlegender Bedeutung ist. So weiß man zum Beispiel, dass mit Ultraschall behandeltes Wasser die Wasser-Cluster verkleinert. Gibt man nun dieses Wasser Hühnern, so legen sie Eier, deren Schale

härter ist und somit nicht so leicht zerbricht. Ebenfalls bekannt ist die Tatsache, dass magnetisch behandeltes Wasser die Wasserleitungen weniger rosten lässt.
So gelang es Masaru Emoto an seinem IHM-Forschungsinstitut, die besonderen Heilkräfte des Wassers zu therapeutischen Zwecken einzusetzen. Er konnte belegen, dass sich negative Gefühle beim Menschen mit Wasser, das mit einem MRA behandelt wurde (leicht magnetisiertes, destilliertes Wasser, das einem bestimmten Magnetfeld ausgesetzt war und Micro-Cluster-Wasser genannt wird), neutralisieren lassen. Auf diese Art und Weise konnte die natürliche Immunkraft des Menschen wiederhergestellt werden. In seinen Bestandteilen ist es unverändert destilliertes Wasser, aber es unterscheidet sich ganz und gar in seiner Wirkung auf den Organismus, da es zum Beispiel die Immunität stärkt.

Interessant ist auch Folgendes: Wenn man Wasser aus derselben Flasche in zwei Behälter aufteilt und dieses Wasser unterschiedlichen Magnetfeldern aussetzt, dann verändert sich der Geschmack des Wassers. Solche Unterschiede kann man mit den gängigen Geräten nicht messen oder darstellen. Ich habe vieles ausprobiert, aber wenn man mit einem elektromagnetischen Messgerät Wasser untersucht, kann man nur feststellen, wie groß ungefähr die Cluster des Wassers sind. Ich habe jedoch kein Gerät gefunden, mit dem man die Unterschiede im Wasser genauer messen kann. Es war eindeutig verschiedenes Wasser, aber es war überaus schwierig, die Wasserqualität messtechnisch zu erfassen.

Als mir Emoto eines Tages von seiner Idee erzählte, die Unterschiede des Wassers anhand von gefrorenem Wasser, also durch Wasserkristalle, festzustellen, war ich zwar von diesem Gedanken beeindruckt – aber ich sah das Ganze mit ebenso großer Skepsis. Für ihn war es wohl keine Frage, dass beim Gefrieren von Wasser Kristalle in der Art von Schneeflocken entstünden. Deshalb ging er davon aus, dass sich die Kristalle unter dem Mikroskop bereits deutlich unterscheiden sollten. Ich wollte zunächst nicht daran glauben. Schließlich wurde von mir die »Beweisführung« für diese Theorie verlangt. Ich konnte mir zum damaligen Zeitpunkt einfach nicht vorstellen, dass allein durch Gefrieren von Wasser unter dem Mikroskop sichtbare Kristalle entstünden. Meine Vorstellung war anders. Ich dachte, dass gefrorenes Wasser nichts als durchsichtiges, einfaches Wasser wäre. Dass daraus Eiskristalle entstehen könnten, die so schön wie Schneeflocken sind, konnte ich einfach nicht glauben.

Das größte Problem sah ich in der technischen Ausrüstung. Bis auf den Magnetic Resonanz Analyser hatten wir keine nennenswerten Geräte, mit denen wir eine grundlegende Studie und ernsthafte Forschung betreiben konnten. So gab ich vor allem den Umständen die Schuld an meiner anhaltenden Erfolglosigkeit. Ich dachte mit Neid an meine Kollegen von der Uni, die jetzt im Forschungslabor des Wirtschaftsministeriums in der Stadt Tsukuba aus dem Vollen schöpfen konnten. Sie waren eingebettet in die staatliche Fürsorge, wo die modernsten Geräten angeschafft wurden, die hunderte Millionen Yen kosteten. Für mich war klar, dass ich mit meinen minimalen Mitteln keine Forschung auf hohem Niveau vollbringen konnte.

Obwohl – oder vielleicht gerade, weil ich mit meiner Arbeit nicht voran kam, lud mich Emoto immer wieder zum Abendessen ein. Er motivierte mich und hörte nicht auf, mich zu ermuntern. Dennoch, der Erfolg ließ auf sich warten. Ein Tag nach dem anderen zog ins Land und die so heiß ersehnten Eiskristalle wollten sich einfach nicht zeigen. Ein Fehlschlag folgte dem anderen. Da ich mich während meines Studiums an der Universität vor allem auf analytische und physikalische Chemie spezialisierte, hatte ich keinerlei spezielle Vorkenntnisse über Schnee und Eis. Ich verstand die Versuchsmethode einfach nicht. Erschwerend kam hinzu, dass es keinerlei Literatur zu diesem Thema gab. Bislang wurden solche Versuche einfach nicht gemacht. Das Einzige, was mir blieb, war die Hoffnung, in dem heillosen Durcheinander meiner Forschung etwas zu finden, was mich weiterbringen könnte. Täglich versuchte ich die Fehlschläge zu systematisieren.

Sämtliche Parameter für die Versuchsanordnung mussten neu definiert werden. Nichts, woran ich mich orientieren konnte. So musste ich ausprobieren, wieviel Wasser zu gefrieren war, welches Material und welches Fassungsvermögen der Schale notwendig war, welche Temperatur der Kühlschrank brauchte, und wie lange der Gefrierprozess dauerte, um Eis herzustellen. Immer wieder holte ich das Eis aus dem Kühlraum und betrachtete es unter dem Mikroskop. Doch so oft ich es auch wiederholte, Kristalle waren keine zu sehen. Das einzige, was ich kontinuierlich verbessern konnte, war die Handhabung des Mikroskops. Es gab zu dieser Zeit wohl niemanden, der ein Mikroskop schneller und präziser bedienen konnte als ich, da ich glaubte, dass die Kristalle vielleicht nur kurze Zeit zu sehen wären. Vom eigentlichen Ziel aber war ich noch meilenweit entfernt – alles, was sich mir unter dem Mikroskop offenbarte, waren Eisklumpen – von Kristallen keine Spur.

Da die mikroskopische Untersuchung zunächst bei Raumtemperatur stattfand, schmolz das Eis allzu schnell, und wiederholt waren die Vorbereitungen innerhalb von weniger als einer Minute zunichte gemacht.

Emoto, der dies nicht länger mit ansehen konnte, reduzierte daraufhin die Temperatur so weit wie möglich und stellte

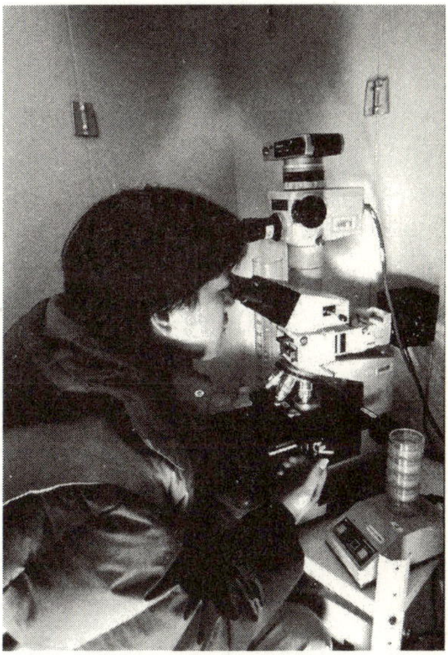

Abb. 1: Dr. Ishibashi im Kühlraum beim Fotografieren von Eiskristallen.

mir einen eigenen Raum für die Versuche zur Verfügung. Trotzdem, das Eis schmolz, sobald es vom Lichtstrahl getroffen wurde. Daraufhin entschloss sich Emoto, ein Versuchslabor für mich einzurichten. Es war ein Kühlraum von einem auf zwei Meter. Da man hier auch einen Kühlschrank hineinstellen konnte, waren damit gute Versuchsbedingungen geschaffen.

Um bessere Versuchsbedingungen zu erhalten, hielt ich die Mikroskopplatte kühl, indem ich sie in eine Kühlbox aus Styropor stellte, schließlich versuchte ich mit Trockeneis den Schmelzprozess zu verhindern. Aber alle Bemühungen waren vergebens. Und während Fehlschlag auf Fehlschlag folgte, wuchsen die Zweifel, und ich glaubte schon nicht mehr daran, mit solch einer einfachen Methode Schneekristalle herstellen zu können.
Schließlich bekamen wir einen Tipp vom Partner unseres Forschungslabors, Dr. Lee H. Lorenzen, der seit längerem die speziellen Eigenschaften von Eis studiert hatte. Als er

wegen eines Vortrages nach Japan kam, luden wir ihn in unser Labor ein und wir wollten ihm den Versuch in gewohnter Weise demonstrieren. Als er durch das Mikroskop blickte, sagte er ganz erstaunt: »Schaut mal, da ist ein Kristall!«
Zuerst glaubte ich diesen Worten nicht. Wissen Sie, ich hatte monatelang diesen Versuch wiederholt; er war immer fehlgeschlagen. Und als ich bereit war aufzugeben, entdeckte Dr. Lorenzen einen Kristall. Zu diesem Zeitpunkt begriff ich erstmals, wo im Eisklumpen wunderschöne Kristalle zu finden waren. Und mir wurde auch klar, warum der Versuch bisher nicht funktioniert hatte. Endlich glaubte ich jetzt fest daran und konnte mir vorstellen, dass die weiteren Versuche erfolgreich verlaufen würden.

Dann ging ich nochmals die Versuchsanordnung aufs Genaueste durch. Ich überprüfte die Menge des Wassers, die Qualität der Schale, die Temperatur des Kühlschranks und die Dauer des Gefrierprozesses, die Vergrößerung des Mikroskops, den Winkel des Lichtstrahles; für die Handhabung der Blende usw. ließ ich mich sogar von einem Profi-Fotografen beraten, und arbeitete mich Stück für Stück in die Forschungsmethode ein. Endlich hatte ich die Kniffe für diesen Versuch heraus, war noch geschickter in der Handhabung des Mikroskops (Abb. 1), und auch die Fotos hatten inzwischen eine zufriedenstellende Qualität. Die Forschung machte von Tag zu Tag mehr Spaß. Ich vergaß die Zeit und befand mich wie in einem Traum. Es störte mich nicht, auch an Sonn- und Feiertagen ins Labor zu gehen – im Gegenteil, ich freute mich darauf, mich ungestört im Labor inmitten der Großstadt mit der Natur unterhalten zu können. Nichtsdestotrotz werde ich niemals den Sturm der Gefühle vergessen, als das erste Foto der perfekten Form gemacht war und der Abzug vom Fotografen zurückkam. Die Gefühle waren so stark, dass ich in Tränen ausbrach.

Ich ging mit dieser Fotografie zu Emoto. Auch er war sehr bewegt, und nachdem er mir gedankt hatte, sagte er: »Nun haben Sie es also geschafft, ein Kristallfoto zu machen. Es liegt doch an der Einstellung. Es ist die Einstellung!«

Nur durch die Hilfe und Überzeugung von Dr. Ishibashi konnte ich meine Idee realisieren. Dies erinnert mich an die Beziehungen zwischen Regisseur und Schauspieler, zwischen Trainer und Sportler, zwischen Coach und Läufer. Ich bezweifle, dass ich, selbst wenn ich das Fotografieren übernommen hätte, ein solches Ergebnis bekommen hätte. In Wirklichkeit habe ich während dieser ganzen Zeit bis heute nicht ein einziges Mal durch das Mikroskop gesehen und auf den Auslöser der Kamera gedrückt. All die Aufnahmen sind die Ergebnisse von Dr. Ishibashi und seinem Nachfolger Seiya Satô und den anderen Laboranten.

Ich möchte mich an dieser Stelle bei Dr. Ishibashi für das mir entgegengebrachte Vertrauen bedanken. Ohne dieses Vertrauen hätte er sicher nicht monatelang Versuche gemacht, bei denen der Erfolg stets ungewiss war. Und da ich selbst keine so große Ausdauer im Verfolgen von Zielen habe, hätte ich mit großer Wahrscheinlichkeit aufgegeben, wenn ich es hätte selbst machen müssen. Mir hat diese Geschichte jedenfalls gezeigt, dass am Anfang immer die Idee einer Sache stehen muss, damit etwas Gestalt annehmen kann. Das heißt, ich wurde mir wieder einmal der ganz banalen Tatsache bewusst, dass die Phäno-

Abb. 2: Erste gelungene Kristallfotografie.

Abb. 3: Blick in den Kühlschrank. Präparierte Glasschalen für die Kristallfotografie.

mene der Welt zuerst durch das Bewusstsein der Menschen geschaffen und später erst verwirklicht werden.

Jedenfalls sind mit dieser Methode, das Wasser zu gefrieren, um Fotografien von den Kristallen zu machen, in den folgenden fünf Jahren zu verschiedenen Themen weitere Versuche und Studien gemacht worden. Dadurch sind einige Rätsel des Charakters des Wassers zum Teil gelöst worden. Mir vermittelt dies den Eindruck einer Märchenwelt. Zu diesem Zeitpunkt fasste ich die Ergebnisse in einem Bildband zusammen. Das war »Die Botschaft des Wassers«.

Erstaunliche Formen des Leitungswassers

(von Dr. Kazuya Ishibashi)

»Als ich die Wasserkristalle betrachtete, entdeckte ich etwas sehr Seltsames: Es gibt einen deutlich sichtbaren Unterschied in der Form von Kristallen von natürlichem Wasser und Leitungswasser. Einfach gesagt: Während die Kristalle des natürlichen Wassers wie Schneeflocken wunderschöne, symmetrische Kristalle bilden, waren diejenigen des Leitungswassers in den meisten Fällen verstümmelt. Die Kristalle des Leitungswassers aus Großstädten waren am hässlichsten.

Wenn man eine normale chemische Analyse macht, zeigen die Werte mehr oder weniger große Unterschiede, aber das Leitungswasser in ganz Japan wurde als Trinkwasser anerkannt. Diese Eiskristalle jedoch prangern den Unterschied zum Naturgewässer an. Die Beziehungen zwischen Wasserqualität und Kristallform sind deutlich geworden.

Kristalle sind wie Lebewesen. Unter den Kristallen gibt es solche, die vor Lebenskraft strotzen, und solche, die fast keine Kraft spüren lassen. Wenn man natürliches Wasser gefriert und dann das Licht des Mikroskops darauf richtet, sieht man, wie der Kristall zum Teil schmilzt, gleichzeitig aber kraftvoll wächst – in dieser Form kann man das Wirken der Natur spüren.

Wenn man nun aber den Lichtstrahl auf Leitungswasser oder anderes vom Menschen behandeltes Wasser richtet, dann ist der Kristall in wenigen Sekunden spurlos verschwunden. Die Gestalt des Kristalls stellt vielleicht überhaupt die dem Wasser innewohnende Lebenskraft dar.«

Die Zerstörung der Lebensenergie durch Chlor

Wie der Bericht von Dr. Ishibashi, die noch folgenden Eindrücke von Herrn Satô sowie die eingefügten Farbtafeln mit den Fotografien von Eiskristallen von Leitungswasser aus den wichtigsten Städten Japans zeigen, kann man beim Leitungswasser überhaupt keine Lebensenergie fühlen. Das muss man der in Japan gängigen Praxis, Trinkwasser mit Chlor zu behandeln, zuschreiben. Selbst in ländlichen Gegenden lassen sich im Leitungswasser kaum Kristalle nachweisen. So wird das eigentlich gute Wasser der Städte Sapporo, Nagano und Kanazawa durch die gesetzlich geregelte Zugabe von Chlor letztlich in totes Wasser verwandelt. Ursprünglich hat Chlor die Eigenschaften eines Oxidationsmittels. Der eigentliche Grund für den Einsatz von Chlor liegt jedoch darin, dass durch die Beigabe die Richtlinien zur Sicherung der Wasserqualität eingehalten werden. Diese besagen in Japan beispielsweise, dass keine Darmpilze gefunden werden dürfen. Also verwendet man Chlor hier als Pilzvernichtungsmittel. Immer häufiger finden Regierungen einen (auf lange Sicht nicht haltbaren) Grund, das Trinkwasser mit Chlor oder anderen gesundheitsschädlichen Zusätzen zu belasten.

Bei genauerer Betrachtung wird nämlich klar, dass dies dem menschlichen Organismus mehr schadet, als es hilft. Zumindest sollte der Staat seine Bürger warnen, genauso wie der Gesetzgeber dies von der Tabakindustrie fordert. Ein entsprechender Hinweis könnte beispielsweise so lauten: »Das Trinken von unbehandeltem Leitungswasser über einen längeren Zeitraum gefährdet Ihre Gesundheit.« Eindeutige Belege hierfür ergeben sich aus den Kristallfotografien.

Vom Herzen des Forschers ins Herz des Kristalls

Die Tatsache, dass es bislang keine vergleichbaren Forschungsergebnisse gibt, zeigt nur, wie schwierig es ist, wissenschaftlich gültige Ergebnisse in diesem Forschungsbereich zu erzielen. Dies liegt weniger daran, dass nicht andere Wissenschaftler ebenso diesen Gedanken gehabt hätten, vielmehr ist es in der Tat die Schwierigkeit, die Ergebnisse immer wieder zu wiederholen. Eine weitere Episode aus den Arbeiten von Dr. Kazuya Ishibashi soll dies belegen.

> »Nach der Veröffentlichung von »Schwingungen und die Lebenskraft des Wassers« von Masaru Emoto (PHP-Forschungsinstitut, 1995) kamen immer mehr Anfragen nach Kristallfotografien von Menschen, die nun Interesse an den Eiskristallen des Wassers hatten. Das Interesse am Wasser wuchs. Es freute mich sehr, dass durch diese Eiskristallmethode das Augenmerk auf die Bewertung des Wassers gelenkt wurde. Da ich aber der Einzige war, der die Fotos machen konnte, kam ich mit dem Fotografieren nicht mehr nach. Da kam ich auf die Idee, Werkstudenten zu suchen, die ein Gespür für Kunst hatten. Einer besuchte die Fachakademie für Fotografie, ein anderer studierte Kunst. Mir war klar, dass ich die Leute gut einarbeiten musste. Das Problem war nur, dass es sich hier nicht um eine etablierte Technik handelte. So beschränkte ich mich also darauf, erst einmal den Versuchsaufbau in einfachen Worten zu erläutern.
>
> Die Charaktereigenschaften beider Studenten waren grundverschieden: Beim Fotografiestudenten herrschte der Wille vor, gute Fotos zu machen. Der Ehrgeiz, gute Bilder zu bekommen, war wesentlich stärker als beim Kunststudenten. Dieser beherrschte die Technik der Fotografie zwar nicht, sein unbändiger Wille und die Fähigkeit, die Natur offenen Herzens zu betrachten, sorgten jedoch dafür, dass er

ebenso schöne Kristalle fotografieren konnte. Er machte eine Vielzahl schöner Kristallfotografien für uns. Da begriff ich, dass es für die Kristallfotografie unerheblich war, ob jemand die Technik beherrschte oder nicht. Im Gegenteil, der Wille, sich vom Wasser belehren zu lassen, war der Schlüssel zum Erfolg. Ab diesem Zeitpunkt teilte ich mir mit Seiya Satô die Arbeit.

Zu einem Zeitpunkt, da ich gesundheitlich nicht ganz auf der Höhe war und es besser gewesen wäre, das Bett zu hüten, konnte es der Forschergeist in mir doch nicht lassen und ich ging ins Labor, um Kristalle zu fotografieren. Ich war allein im Labor und fotografierte. Es kann sehr ermüdend sein, wenn man bei angeschlagener Gesundheit im kalten Raum viele Stunden fotografiert. Beim Betrachten der Kristalle wunderte ich mich, warum ich die ganze Zeit über keine schönen Kristalle zu sehen bekam. Zu diesem Zeitpunkt dachte ich nicht daran, dass die Konstitution des Betrachters einen Einfluss auf den Versuch haben könnte. Vielmehr, so dachte ich, müsse es wohl ein Problem mit der Versuchsausführung (dem Gefrieren und dem Betrachten) geben.

Zu einem späteren Zeitpunkt kam Seiya Satô zu mir, um mir von einer Eigenart zu erzählen, die ihm bei seiner Arbeit aufgefallen war: »Herr Ishibashi«, sagte er nachdenklich, »es ist schon seltsam, aber wenn es mir gesundheitlich nicht gut geht, ich aber trotzdem Kristalle betrachte, dann kann ich keine schönen Kristallfotografien machen.« Unabhängig von meinen eigenen Erfahrungen hatte Satô die gleichen Phänomene festgestellt. Als ich seine Schilderung gehört hatte, gelangte ich zu der Auffassung, dass das Wasser wahrnehmen kann, wie es um die körperliche und seelische Verfassung des Betrachters steht. Und ich fühlte, dass ich mich auf keinen Fall bei schlechter Stimmung mit dem Versuch beschäftigen durfte. Ein Ergebnis, welches den seltsamen Charakter des Wassers andeutete, wurde bereits in »Prolog für das Zeitalter der Schwingungen« vorgestellt. Emoto untersuchte regelmäßig das Leitungswasser im Tokyoter Büro. Als man um die Zeit des Golfkrieges weltweit das Leitungswasser untersuchte, waren seine Schwingungen plötzlich schlechter geworden. Das bedeutet, dass durch den Einsatz von Sprengstoff im Golfkrieg große Mengen an Chemikalien in der Luft herumschwirrten und sich diese nicht nur im Nahen Osten, sondern in der ganzen Welt im Nu verbreiteten. Wenn man dieses Phänomen vom Blickpunkt der wundersamen Fähigkeit des Wassers aus betrachtet, Botschaften zu übermitteln, dann kann man gewiss auch den vorher beschriebenen körperlichen Zustand des Betrachters oder das Umfeld des Versuches nicht außer Acht lassen.«

Der Bericht von Dr. Ishibashi beeindruckte mich. Unabhängig davon bekam ich auch eine persönliche Einschätzung von Seiya Satô, die ich Ihnen kurz vorstellen möchte.

Was wir von der Natur lernen können

(von Seiya Satô)

»Schon drei Jahre betrachte ich als Nachfolger von Dr. Kazuya Ishibashi die Eiskristalle. An Regentagen wie an windigen Tagen. Wenn ich optimistisch war, genauso wie wenn ich niedergeschlagen war. Immer entdeckte ich auf der anderen Seite der Linse ihre Gestalt und jedesmal war ich aufs Neue berührt. Weil ich sie nicht nur betrachtete, sondern von ihnen auch Energie erhielt! Diese schönen Formen ließen mich die natürlichen Kräfte des Wassers spüren. Ich spürte kräftiges Wachstum, die Lebenskraft des Wassers selbst, und seine Fähigkeit zur Reinigung. Wahrlich, das Wasser lebt! Wenn ich dann Wasser sah, das von unserer Hand verschmutzt und verletzt worden war, tat es mir im Herzen weh. Derzeit wird die Verschmutzung des

Quellwassers in allen Regionen ein immer ernsteres Problem. Wenn ich aber sah, wie selbst verletztes Wasser mit ganzer Kraft versuchte, Kristalle zu bilden, dann hatte ich das Gefühl, dass Wasser vielleicht Selbstheilungskräfte besitzen könnte. Hat das Wasser vielleicht selbst die Kraft, sich zu reinigen, indem Mikroben in den Flüssen Organisches zersetzen?

Haben die Menschen überhaupt noch ein Empfinden für ihre ursprüngliche Fähigkeit, naturgeschaffene Formen in ihrer kristallinen Struktur voller Lebenskraft als Schönheit wahrzunehmen? Mit anderen Worten, fühlen sie die Lebenskraft in den schönen Kristallen, und die Lebensgefahr in den zerstörten? Wenn man vergleichsweise durch Filter gereinigtes Wasser und durch ein natürliches Reinigungssystem entstandenes Quellwasser gefriert und die Kristalle betrachtet, so ist der Kristall des Quellwassers größer und weist eine feinere Gestalt auf.

Diese Gestalt des Wassers kann nur aus einem vollkommenen Vertrauensverhältnis zwischen Natur und Wasser entstanden sein. So wie das Wasser in allen Organismen einen Kreislauf vollzieht, so hat auch das Wasser auf der Erde einen Kreislauf und kommt schließlich zu uns zurück.

Wenn nun all das Wasser in unserem Körper, das immerhin siebzig Prozent unserer Körpersubstanz ausmacht, ursprünglich keine Lebenskraft besäße, dann wäre das Leben der Menschen selbst sehr gefährdet. Dennoch werden sogar die Annehmlichkeiten unseres Lebens von verletztem Wasser unterstützt. Man kann dem Wasser nicht genug dankbar sein.

Die Eiskristallfotografien sind wahrhafte Botschaften des Wassers. Schöne Kristalle, verletzte Kristalle, so oft ich auf ihre vielen individuellen unverhüllten Formen treffe, so oft ich etwas über ihre wahren Möglichkeiten hinzulerne, freue ich mich darüber, auf dem Planeten des Wassers geboren zu sein.«

Als ich die Berichte der beiden Eiskristallfotografen für die Publikation dieses Buches geschickt bekam, war ich überwältigt von der Übereinstimmung in den Gefühlen von Dr. Ishibashi und Satô. Ursprünglich sind die beiden in einer höchst unterschiedlichen Umgebung aufgewachsen und haben eine völlig verschiedene Ausbildung erhalten. Auch in ihren Interessen und ihrer Art zu denken hatten sie aus meiner Sicht kaum Gemeinsamkeiten.

Sie haben die Berichte der beiden jetzt selbst gelesen und es sicher auch gefühlt: Beide sagen genau das Gleiche. Beide haben die Bedeutung der Wasserkristalle begriffen und sind sich dessen bewusst geworden. Also zeigt uns das Wasser sogar in einem kleinen Labor in einem städtischen Hochhaus seine wahre Gestalt. Die beiden jungen Männer, die diese Formen eine Zeit lang angesehen haben, fühlten beide, dass man dies als die Grundform der Natur bezeichnen müsse, und sie entwickelten sich so weit, dass sie darin den Ursprung des Lebens selbst erkannten. Wenn man nun eine derartige Versuchsanordnung in einer Grund- oder Mittelschule installieren würde, so könnte man damit einen einzigartigen Naturkundeunterricht gestalten. Ich denke, man könnte so den Kindern ganz einfach den Respekt vor dem Leben nahe bringen.

Kristalle des natürlichen Wassers in Japan

Anfangs habe ich Ihnen schöne Kristallfotografien vorgestellt (siehe Farbbilder, ab S.80), und natürlich hat das Wasser, das wir als gut empfinden, beziehungsweise die Flüsse, die wir als schön empfinden, dementsprechend schöne Kristalle hervorgebracht.
Es sieht so aus, als ob die Menschen noch ein lebendiges

Abb. 4: Von dem Wasser des Oberlaufes des aus der Präfektur Nagano in die Präfektur Niigata fließenden Shinano-Flusses gelang es uns, schöne Kristallfotografien zu machen…

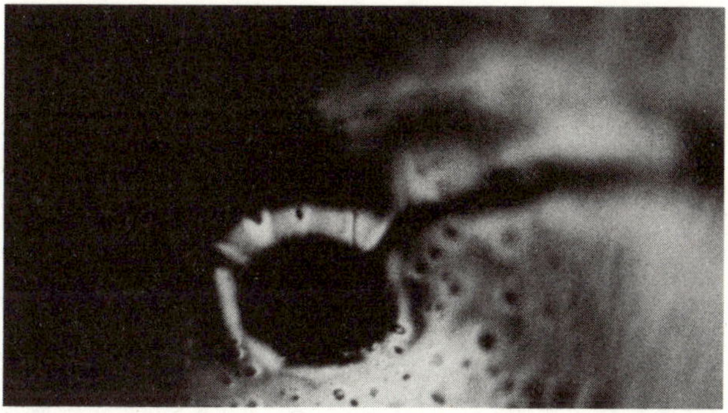

Abb. 5: ...aber die Kristalle des Mittellaufes...

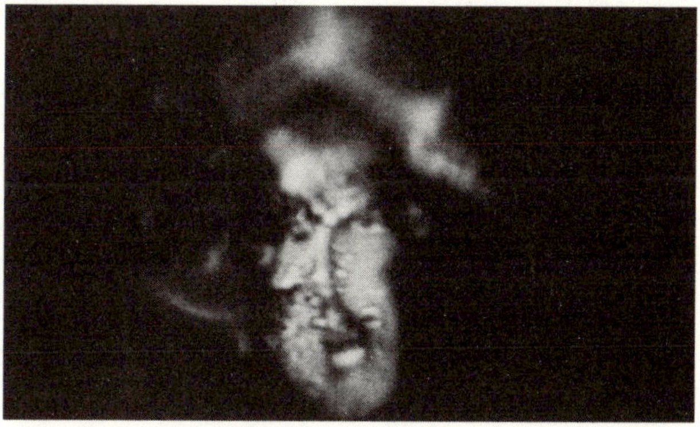

Abb. 6: ...und des Unterlaufes sehen so aus. Hier sieht man deutlich, wie das Wasser in den Städten verschmutzt wird.

Abb. 7: Der Kristall des Metori-Yusui-Quelle, an der der Fujigawa-Fluss entspringt, ist glänzend.

Gefühl für das Wasser haben. Die drei Bilder von Abbildung 4 bis 6 zeigen Kristalle aus dem Ober-, Mittel- und Unterlauf des Shinano-Flusses. Wie erwartet nimmt die Wasserverschmutzung zu, je weiter man flussabwärts kommt. Das zeigt sich auch in den Kristallbildern. Flussaufwärts vom Shinano-Fluss gelangt man in den Chikuma-Fluss. Dort wird er immer schmutziger, nachdem das Brauchwasser von den Städten Nagano und Iiyama in ihn hineingeleitet wurde.
Die folgenden Bilder (Abb. 7-9) zeigen verschiedene Kristalle des Fujigawa-Flusses. Sie stammen vom Oberlauf bis zur Mündung. Das Interessante hierbei ist das Bild an der Fluss-

mündung. Hier erhielten wir einen wunderschönen Kristall. Wir führen dies darauf zurück, dass es in diesem Fluss Corbicula-Muscheln (Corbicula japonica) und Meergründeln (Acanthogobius flavianus) gibt. Sie fressen die organischen Stoffe im Fluss auf und setzen so einen natürlichen Reinigungsprozess in Gang. Gefühlsmäßig würde ich sagen, dass der Fluss selbst sauber sein möchte, wenn er ins Meer fließt. Wenn man solche Fotografien sieht, wird einem bewusst, dass es so etwas wie eine Selbstreinigung des Flusses gibt.

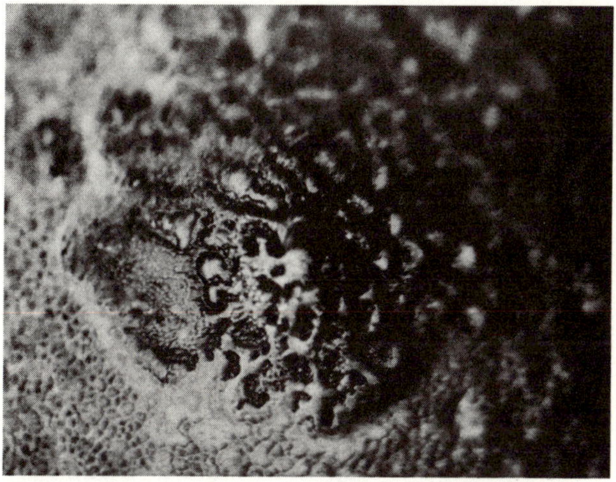

Abb. 8: Am Mittellauf des Fujigawa gibt es eine große Stadt. In dieser Gegend war das Wasser in einem schrecklichen Zustand.

Abb. 9: Aber in der Nähe der Flussmündung konnten wir schöne Kristalle sehen. Wahrscheinlich kommt das von der Reinigungsarbeit der hier lebenden Fische und Muscheln.

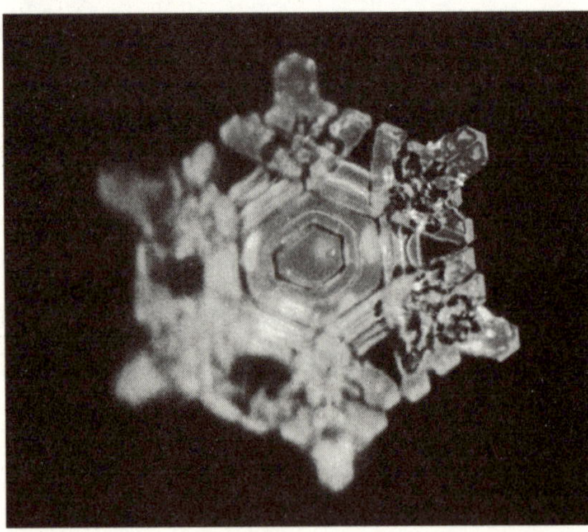

Abb. 10: Diese Abbildung zeigt einen etwa 370 000 Jahre alten Wasserkristall von der Antarktis, den mir ein Antarktis-Expeditionsmitglied zur Verfügung stellte.

Wie Sie sehen, unterscheidet sich der Kristall aus der Antarktis gar nicht so sehr von denen, die gutes Wasser heute bildet (siehe Abb. 7 und 9). Wir können, was das natürliche Wasser betrifft, immer noch beruhigt sein. Dies verdanken wir wohl den vielen Bergen und dem vielen Grün in Japan.

In letzter Zeit war die Wasserverschmutzung des Biwa-Sees Tagesgespräch. Dass der auch als »Nabel Japans« bezeichnete See solche Kristalle hat, schmerzt sehr. Das ist ein Problem, das uns alle angeht.

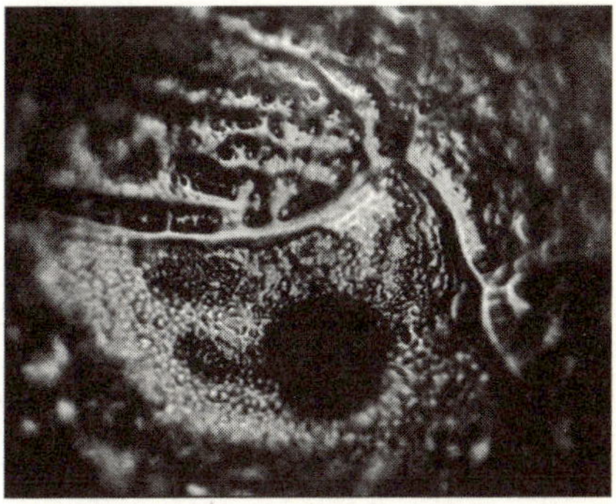

Abb. 11: Kristall des Wassers vom Yodogawa-Fluss.

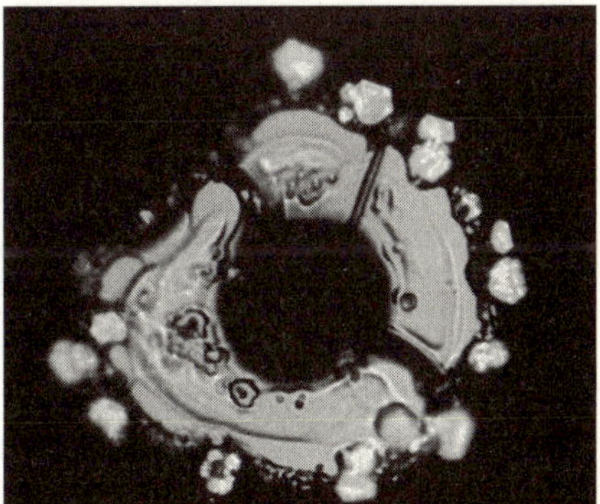

Abb. 12: Kristall des Wassers vom Biwa-See.

Wasser hört Musik

Es gibt ein Buch mit dem Titel »Die Nahrungsmittel haben Musik gehört« (Autor: Kenji Murai, Kôrin Verlag). Darin steht, dass in Japan bei einigen Nahrungsmittelherstellern bereits Versuche laufen, während des Herstellungsprozesses der Nahrung diese mit spezieller Musik »zu impfen«. Man geht davon aus, dass durch bestimmte Musik die Qualität der Nahrungsmittel verbessert werden könne. Der Autor dieses Buches, Kenji Murai, schreibt in seinem Vorwort:

Die Untersuchung hat gezeigt, dass das wissenschaftliche Verständnis über den Einfluss der Musik auf Nahrungsmittel noch immer ungenügend ist. Das heißt, die Technik und die Erfahrung sind der Wissenschaft weit voraus. Überraschenderweise finden wir in so erdgebundenen Fachrichtungen wie der Chemie schon konkretere Umsetzungen. Denn selbst in der am meisten von der Chemie beeinflussten Wissenschaft, der Medizin, hat die Musiktherapie mittlerweile einen festen Platz.

Interessanterweise wurden wir auf die Forschungen von Kenji Murai erst aufmerksam, nachdem wir selbst begonnen hatten, dem Wasser Musik vorzuspielen und Vorher-nachher-Aufnahmen von seinen Kristallen zu machen. Ich erwähne dies nur, um zu zeigen, dass es auch andere Menschen gibt, die ähnliche Ideen verfolgen. Murai fährt in seinem Buch fort:

(...) Die Musik-Nahrungsmittel aber sind sprachlose Lebensformen Derzeit gibt es die drei Bereiche: Nassreisbau, Fermentierung von Alkohol und Miso (unter Zusatz von Pilzen fermentierter Reisbrei, A.d.Ü.), und die Konservenindustrie. Diese drei Bereiche haben den Einsatz von Wasser gemeinsam und damit hängen die Mikroben und die natürlichen Bedingungen eng zusammen.

Später gibt der Autor seinen Eindruck von dem wieder, was Nahrungsmittel sagen würden, die Musik gehört haben:

Danke, dass Sie mir Musik vorgespielt haben. Ich bin glücklich groß geworden. Verehrte Menschen. Ihr werdet wohl heiß um das »Warum« diskutieren, aber bitte schnipselt uns nicht mehr so auf und behandelt uns nicht mehr so grausam wie früher nach der »chemischen Methode«. Setzt bitte nur noch die notwendige Menge an Chemikalien ein, damit wir mit euch Menschen gemeinsam auf dieser Erde existieren können.

Ich denke, dass unsere Erfahrungen mit den Aufnahmen von Eiskristallen direkt zu dieser Einstellung führen, nur noch die notwendige Menge an Chemikalien einzusetzen, damit sie (d.h. die Nahrungsmittel) mit uns Menschen gemeinsam auf dieser Erde existieren können. Die Idee dieses Versuches kam von Dr. Ishibashi. Eines Tages kam er mit folgendem Anliegen zu mir: »Was halten Sie davon, dem Wasser Musik vorzuspielen?« Ich fand die Idee großartig und irgendwie musste ich mir heimlich ins Fäustchen lachen: Jetzt ist dieser promovierte, praktische Chemiker vollständig von der Faszination des Wassers besessen.
Wir bestimmten ein Kontrollwasser (Normwasser), dem wir unterschiedliche Musik vorspielen konnten. Dann wollten wir die Unterschiede in den Kristallen vorher und nachher betrachten. Wir waren beide davon überzeugt, dass es da einen Unterschied geben würde.
Ich selbst liebe die große Musik. Seit meiner Kindheit hatte ich mich mit den verschiedenen Musikinstrumenten und unterschiedlicher Musik vertraut gemacht. Ich liebe sie so sehr, dass ich zu einem bestimmten Zeitpunkt in meinem Leben sogar Musiker werden wollte. Ich war also sehr interessiert, als Yoshiyuki Kôzu, Komponist und Ehemann von Meiko Nakamura, erzählte: »Wenn man Pflanzen über einen längeren Zeitraum hinweg Mozart vorspielt, dann entwickeln sie sich sehr gut.« Und ich dachte daran, dass ich selbst einmal einen solchen Versuch machen wollte. Deshalb erwiderte ich Dr. Ishibashi: »Das ist interessant. Bitte probieren Sie es aus, indem Sie dem Wasser verschiedene Musik vorspielen.

Unsere Versuchsmethode zum Beschallen des Wassers funktionierte so. Wir stellten destilliertes Wasser zwischen zwei Lautsprecher und beschallten es mit Musik. Dann klopften wir mit dem Finger gegen die Flaschen und ließen sie über Nacht stehen. Bevor wir am nächsten Morgen das Wasser gefroren, klopften wir noch einmal mit dem Finger gegen die Flaschen. Anschließend machten wir dann die Aufnahmen. Unserer Erfahrung nach ist dieses Klopfen sehr wichtig, da sich die Kristalle ohne das Klopfen nicht gut entwickeln. Wenn man gegen die Flasche klopft, wird gleichzeitig die im Wasser gespeicherte Information aktiviert. Ich denke nun, dass man auch das Leben des Menschen als ein »Klopfen« bezeichnen kann. Die japanische Sprache bestätigt dies in den Schriftzeichen. Dort steckt in der Mitte des japanischen Zeichens für »Leben« auch das Zeichen für »klopfen«.

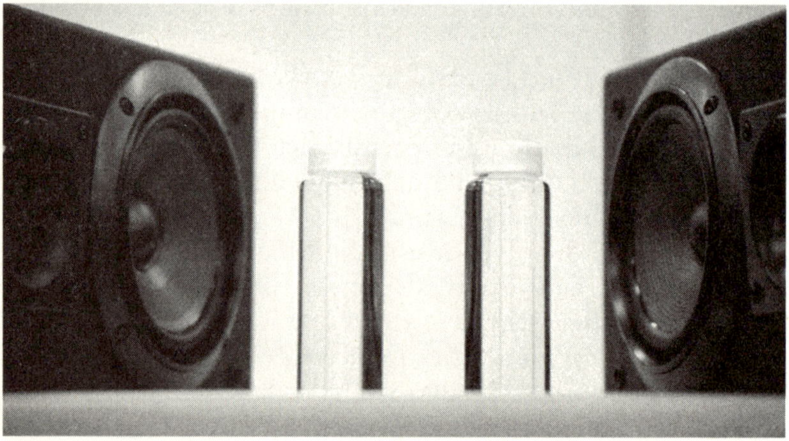

Abb. 13: Das »Normwasser« (destilliertes Wasser) wurde zwischen zwei Lautsprecher gestellt und bekam verschiedene Musikstücke zu hören. In der Regel wurde das ganze Stück von Anfang bis zum Schluss gespielt und immerzu wiederholt.

Nun, wie sahen die Ergebnisse aus? Der Kristall Abb. 14 entspricht dem unbehandelten Kontrollwasser. Je nachdem welche Musik wir dem Wasser vorspielten, zeigten sich erstaunliche Veränderungen. Der einfache, sechseckige Kristall hat – als würde er je nach Art der Musik unterschiedliche Wachstumsbestrebungen bekommen – sich zu verschiedenen charakteristischen Kristallen verändert.
Die folgenden Abbildungen zeigen die Veränderungen, die das Normwasser nach dem Spielen verschiedener Musikstücke erfuhr. Dem Wasser wurden fünf klassische Stücke und jeweils ein Stück aus den Sparten leichte Musik, Schlager, Sutren, Volksmusik und Heavymetal vorgespielt.

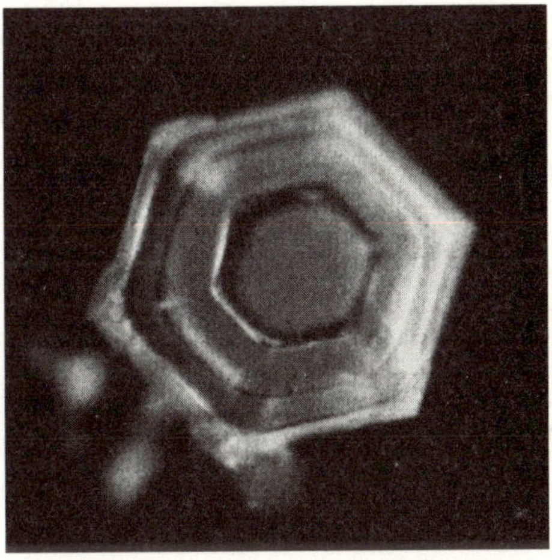

Abb. 14: Der Kristall des Normwassers, bevor es mit Musik beschallt wurde. Noch ist es ein einfacher, sechseckiger Kristall.

Abb. 15: »Goldberg-Variationen« von Johann Sebastian Bach. Klavierwerk mit Variationen von J.S. Bach für den Pianisten Goldberg. Im Vergleich mit dem Kontroll-Kristall sieht man, dass an allen sechs Ecken ein weiteres Sechseck gewachsen ist.

Abb. 16: Bach-Arie in G. Ein bekanntes Violinstück. Es sieht so aus, als wäre der Kristall von der Violine hingerissen. Er strahlt jedenfalls ein freies und unbefangenes Gefühl aus.

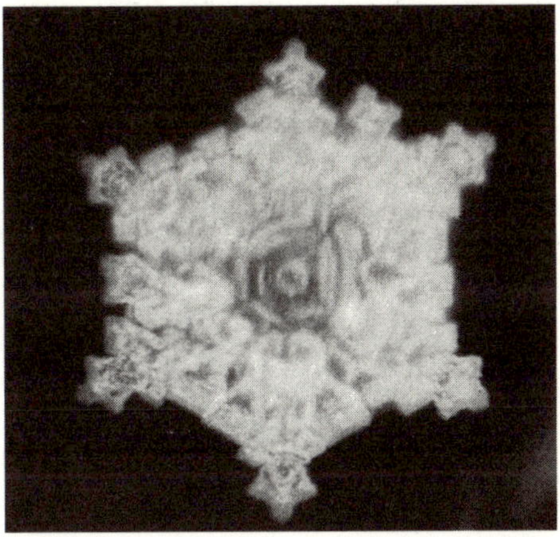

Abb. 17: »Die Pastorale« von Ludwig van Beethoven. Eine typische Beethoven-Symphonie. Sie bringt eine klassische Schildpattform des Kristalles zustande. Die kommt vor allem in solchen Wässern vor, die eine positive Wirkung auf das Immunsystem haben. In diesem Sinne sollten wir uns dieses Musikstück merken.

Abb. 18: »Les Adieux« von Frédéric Chopin. Diese Aufnahme erstaunte mich. Dies ist ein Klavierstück, und vielleicht ist das der Grund, warum der Kristall zersplittert. Grundsätzlich stimmt das Bild jedoch mit dem Image des Titels überein.

Abb. 19: Symphonie Nr. 40 in g-moll von Wolfgang Amadeus Mozart. Von allen Stücken, die Mozart schrieb, ist diese Symphonie wohl das emotionalste – hart an der Grenze zum Kitsch. Das Herz des Hörers wird auch hier still und geheilt. Dieser Kristall ist schön und graziös ausgebildet.

Abb. 20: »Hado«. Leichte Musik, die der Erfinder des MRA, Ronald J. Weinstock, mit einem Komponisten geschrieben hat, um Schmerzen zu lindern und das Immunsystem zu stärken. Ungefähr viertausend CDs wurden in Japan verkauft, und ich habe von vielen Menschen gehört, dass die Musik wirklich hilft. Wie Sie sehen, bildet der Kristall das Bild eines »Pilzes« aus, von dem man sagt, dass er das Immunsystem stärken soll.

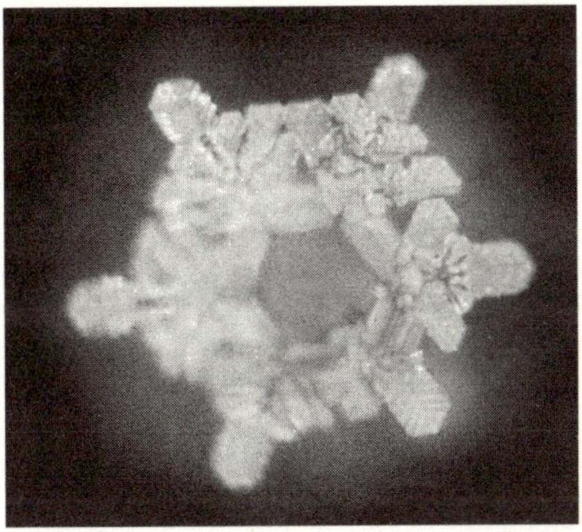

Abb. 21: »Wie der Lauf des Flusses«, von Hibari Misora gesungen. Ein populärer Schlager westlichen und japanischen Stils verbreitet eine angenehme Schwingung. Der Kristall hat eine gleichmäßige und schöne Gestalt – aber warum klafft in der Mitte ein großes Loch?

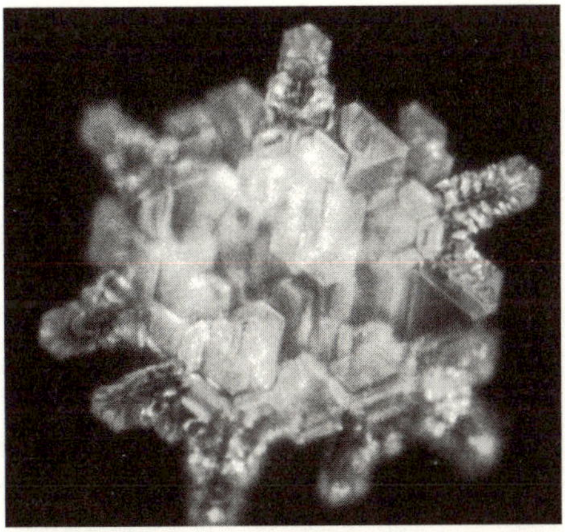

Abb. 22: Sutren des Tibetischen Tantra. Wir haben auch eine CD von Sutren in sehr tiefen Stimmlagen, wie sie auch im Film »Sieben Jahre in Tibet« mit dem beliebten Schauspieler Brad Pitt zu hören waren, dem Wasser vorgespielt. Wie Sie sehen, ist ein vor Energie strotzender Kristall entstanden. Die überlieferten Sutren sind voller Energie für die Heilung von Menschen.

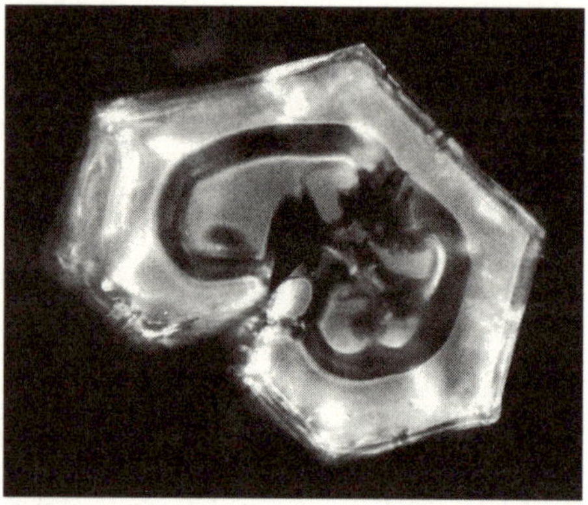

Abb. 23: »Ariran«, ein koreanisches Volkslied. Dieses Stück beschreibt den Abschied eines Liebespaares, das sich am Ariran-Pass trennt. Der auf Reisen gehende Mann wird von seiner Frau verabschiedet. Der Kristall vermittelt, wie schwer es den Liebenden fällt loszulassen, und wie schwer ihnen das Herz ist.

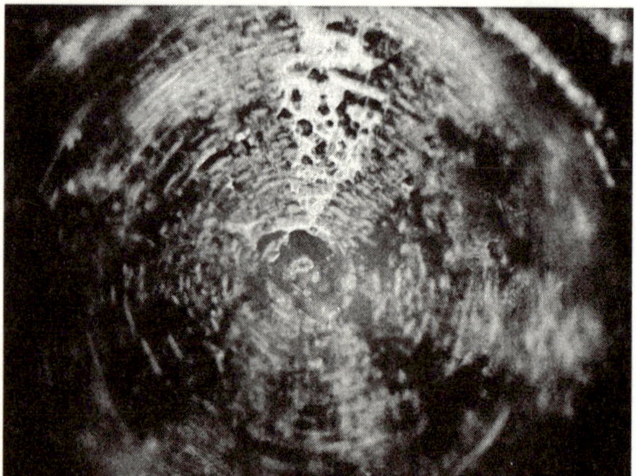

Abb. 24: Ein Heavymetal-Lied. Ich glaube nicht, dass alle Heavymetal-Lieder so sind, aber der Text dieses Stückes ist sehr schrecklich. Daraufhin zeigt das Wasser eine negative Reaktion. Um es deutlich zu sagen, das Wasser mag diese Musik nicht. Mir fällt auf, dass es genauso aussieht wie auf dem Foto des »Dummkopf«-Wassers. (Abb. 28).

Das sind vorerst alle Beispiele, die ich Ihnen zeigen kann. Es gibt noch so viel Musik, die ich dem Wasser vorspielen möchte, zum Beispiel japanische volkstümliche Schlager, Rezitationen, Nô-Gesang (aus dem klassischen japanischen Theater, A.d.Ü.), Kirchenlieder, Jazz, Gospels, und typische Volksmusik aus allen Regionen der Welt usw. Ich will dem Wasser die Musikstücke vorspielen, die in den verschiedenen Ländern zu verschiedenen Zeiten in Mode waren. Durch die Aufnahmen von solchen Kristallen kann man vielleicht eine Ahnung von der Kultur und von der schönen wie der traurigen Geschichte des Landes bekommen. Dieses statistisch zu erfassen, macht vielleicht Sinn, um auch die Geschichte der Menschen zu untersuchen. Irgendwann einmal werde ich Ihnen sicher diese Kristalle zeigen können.

Kapitel 2
Wasser kann lesen

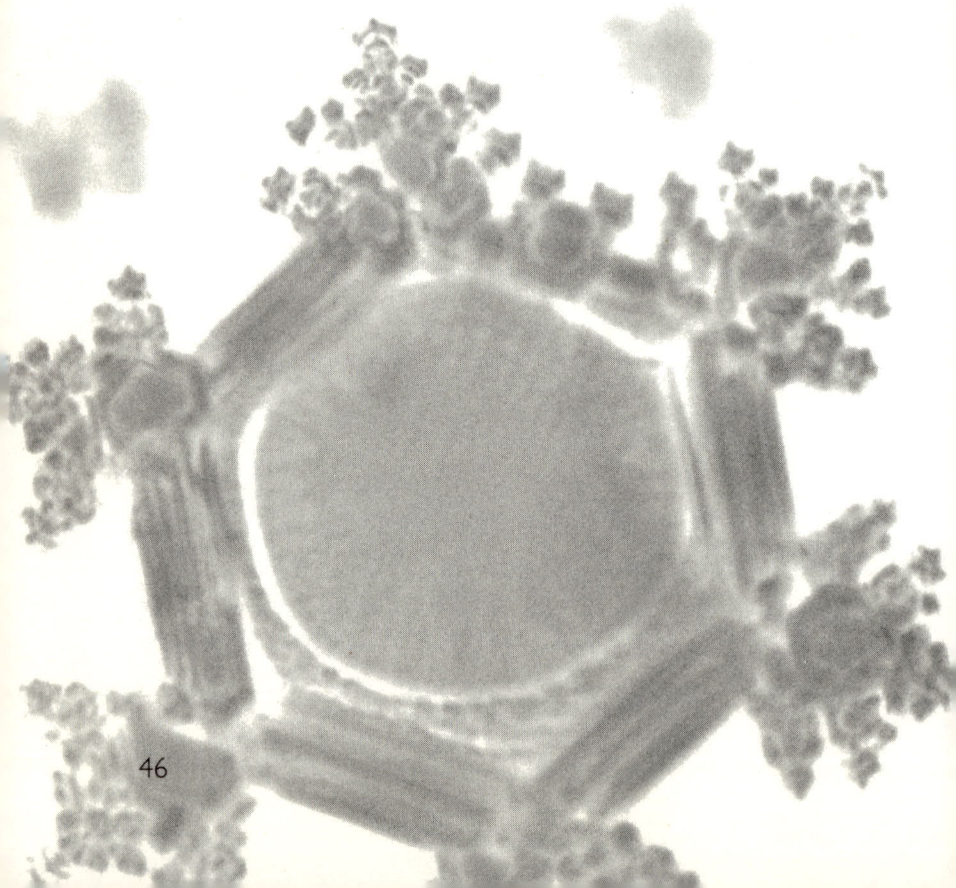

Die Wortseele

Es heißt, dass Worte eine »Wortseele« genannte Energie besitzen. Häufig intonieren Priester bestimmte »wahre« Worte. Man hört oft, dass besonders begabte Menschen aus dem Namen einer Person besondere Informationen beziehen. So haben wir einen Versuch gestartet, Wasser Schriftzeichen lesen zu lassen. Wir glaubten ja nicht wirklich, dass Schriftzeichen einen Einfluss auf das Wasser haben würden, aber ohne viel nachzudenken, probierten wir es aus.

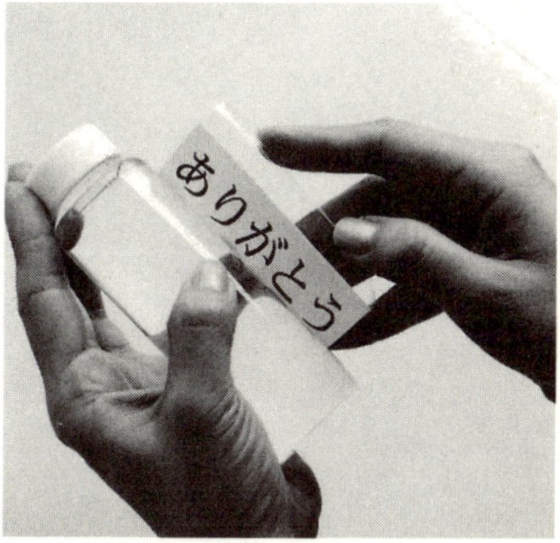

Abb. 25: Kontrollwasser (destilliertes Wasser) wurde in eine Glasflasche gefüllt, ein mit Zeichen beschriebenes Papier darauf geklebt, und dann über Nacht stehen gelassen. Dieses Wasser wurde dann gefroren und die Kristalle fotografiert. In diesem Fall wurde das Papier so angebracht, dass die Zeichen nach innen zum Wasser zeigten, damit es gelesen werden konnte.

Wir teilten dasselbe Wasser in zwei Flaschen auf um eine Doppelblindstudie zu machen. Auf die eine klebten wir einen Zettel mit dem Wort »Danke« und auf die andere einen Zettel mit dem Wort »Dummkopf«. Beide Flaschen ließen wir über Nacht stehen. Als es dann gefroren war, konnten wir einen erheblichen Unterschied zwischen den Kristallen dieser beiden Flaschen ausmachen.
Das ist wirklich eine unglaubliche Geschichte, aber in einem Folgeversuch zeigte sich dieselbe Tendenz. Auch wenn andere, uneingeweihte Angestellte die Aufnahme machten, die Ergebnisse waren die gleichen. Das Wasser steckt voller Rätsel. Mag es noch verständlich sein, dass Wasser, nachdem ihm Musik

vorgespielt wurde, eine andere Kristallstruktur aufwies, so kommen wir mit den mit Worten beschrifteten Zetteln doch dem Bereich der Mystik, der Zauberei nahe. Aber haben Sie bitte noch etwas Geduld und schenken Sie mir weiterhin Ihre Aufmerksamkeit. Zuerst ließen wir das Wasser eine Nacht lang die Zeichen »Liebe – Dankbarkeit« betrachten, gefroren es und machten eine Aufnahme. Das ist das Foto.

Abb. 26: »Liebe – Dankbarkeit«
Ein sehr seltenes Bild. Bis jetzt habe ich nach all den Schriftzeichen, die wir an die Flaschen klebten, noch keinen sol schönen Kristall gesehen. Das Wasser freut sich sehr und das ganze Kristallgebilde zeigt diese Energie zu hundert Prozent entfaltet. »Liebe« und »Dankbarkeit«, es gibt wohl keine bessere Wortkombination. Wenn wir mit dieser Einstellung in unser alltägliches Leben gehen würden, hätte wohl das ganze Wasser in unserem Körper – das Zellwasser, die Lymphflüssigkeit, das Blut und die Gehirnflüssigkeit –, alles hätte eine solch schöne Form. Es würde wohl lebhaft in unserem Körper herumfließen und seine Aufgaben erfüllen. Es ist sicherlich ein Verlust, diese Einstellung nicht zu haben.

Abb. 27: »Danke«

Das Wasser hat deutlich auf das Wort »Danke« reagiert. Das ist sehr positiv. Wenn man diese Reaktion mit derjenigen auf das Wort »Dummkopf« auf der folgenden Seite vergleicht, dann ist dies keinesfalls zufällig. Ich denke so langsam, das Wasser hat genauso einen Willen wie der Mensch. Wenn wir diesen Kristall genau betrachten, dann ähnelt er sehr demjenigen der »Goldberg-Variationen« von Bach. Bach hat wohl dem Herrn Goldberg diese Komposition mit den Gefühlen von Liebe und Dank gewidmet. Kann das noch Zufall sein?

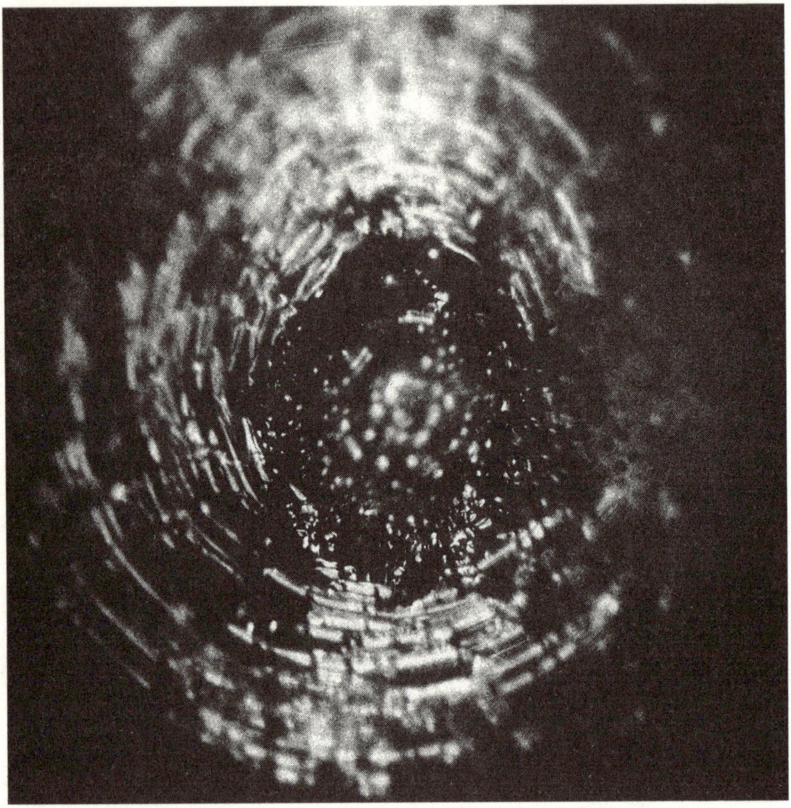

Abb. 28: »Dummkopf«
Man hat das Gefühl, dass sich das Wasser abwendet. Halt, warten Sie einen Moment – dieses Bild haben wir doch schon irgendwo gesehen! Es ist dem Bild des Wassers sehr ähnlich, das Heavymetal-Musik gehört hatte (Abb. 24). Wollen also die jungen Leute, die Heavymetal-Musik machen, den Eltern, der Schule, der Gesellschaft »Dummkopf« an den Kopf werfen? Singen und spielen sie diese Musik mit einem solchen Lebensgefühl? Man könnte es so sehen, aber dies könnte auch eine Überinterpretation sein. Was denken Sie darüber?

Abb. 29: Diesen Kristall erhielten wir, als wir die englische Schreibweise von Danke, »Thank you«, auf die Flasche geklebt hatten. Der Kristall ist dem von »Liebe – Dankbarkeit« (Abb. 26) sehr ähnlich.

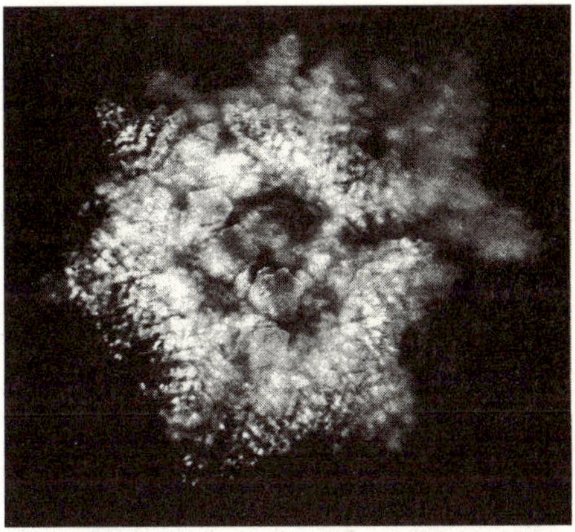

Abb. 30: Die koreanischen Schriftzeichen »Kamsa-hamnida«, die soviel wie »Danke« bedeuten, geben ein vollständig anderes Bild wieder als beim japanischen »Danke«.

Die Versuche ergaben, dass sich tendenziell ähnliche Ergebnisse auch in anderen Sprachen zeigten. Selbstverständlich ist es nicht möglich, genau den gleichen Kristall in den unterschiedlichen Sprachen zu erhalten, da selbst bei gleicher Bedeutung die Schwingung jedes Wortes eine andere ist.
Als Nächstes zeigten wir dem Wasser schlechte Worte, die einige Menschen achtlos gebrauchen: »Es ist zum Kotzen – ich bring dich um«. Das Ergebnis ist die folgende Aufnahme.

Abb. 31: Wasser, das »Es ist zum Kotzen – ich bring dich um« gesehen hat, bringt hässlich zerbrochene Formen hervor. Das sollte uns bewusst machen, wie zersetzend Gedanken und Worte sein können und was nur ein einziges Wort auslösen kann.

Interessanterweise ist sie dem Kristall von dem Wasser, das den Namen »Adolf Hitler« gesehen hatte (siehe Abb. 35), sehr ähnlich. Was? Sie haben dem Wasser auch Personennamen gezeigt? Ja! Diese Art von Forschung hat Flügel bekommen und riesige Fortschritte gemacht.

Die Idee, dem Wasser Personennamen zu zeigen, wurde aus der Not geboren. Wie ich bereits erwähnte, hatte ich eine Zeit lang mit einem MRA-Schwingungsmesser und Microcluster-Wasser viele Menschen in gesundheitlichen Fragen beraten. Aber wer weit entfernt lebte oder so krank war, dass er das Haus nicht verlassen konnte, war auf andere Verfahrensweisen angewiesen.

So ließ ich mir zunächst ein paar Haare der Person schicken. Davon ermittelte ich die Schwingungen und stellte daraufhin personalisiertes Wasser her. Später ging ich dazu über, die Diagnose aufgrund einer Fotografie zu erstellen. Interessanterweise kam ich zum gleichen Ergebnis, als wenn die Person direkt vor mir gestanden hätte.
Als Nächstes dachte ich darüber nach, ob man nicht die Information aus dem Namen der Person erhalten könne. Das lag daran, dass es in Notfällen häufig immer noch einige Zeit brauchte, bis das Foto bei mir eingetroffen war. Da schrieb ich den Namen der Mutter eines meiner Laboranten mit dem Computer und analysierte die Schwingungen mit dem MRA. Die Informationen wurden sofort ausgelesen und die Ergebnisse klärte ich mit dem Laboranten vor Ort per Telefon ab. Wie sich herausstellte, stimmten die Ergebnisse überein. Die Mutter fühlte sich, wie mit dem MRA diagnostiziert, tatsächlich seit einigen Tagen nicht gesund. So war es mir gelungen, über den Namen eine akkurate Analyse zu bekommen.

Alles war irgendwie unglaublich. Dennoch motivierte mich diese Geschichte, in dieser Richtung weitere Versuche zu unternehmen. Aber was ich auch unternahm, alle noch so verrückt geglaubten Versuche erwiesen sich als sinnvoll und

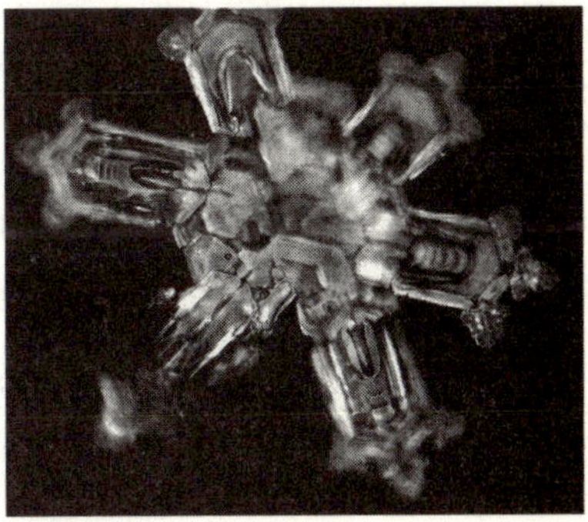

Abb. 32: Als das Wasser den Namen »Deguchi Onisaburo« gesehen hatte, bildete es einen charakteristischen Kristall mit einer starken Kraft aus.

praktikabel. Immer wieder bestätigte sich, dass Informationen über Schwingungen überall gespeichert sein können. Gleichgültig, ob es der Name, das Geburtsdatum oder eine Visitenkarte war. Schließlich ging ich dazu über, diese Methoden auch in Notfällen anzuwenden, insbesondere um weit entfernt wohnenden Menschen zu helfen. Mit diesem Hintergrundwissen dachte ich, dass auch bei den Kristallfotografien etwas an Information fassbar werden müsse.
Ich hatte einmal die Ehre, als Redner zu einer Vorlesung bei einer Versammlung von Mitgliedern der Ômoto-Religion eingeladen zu werden. Die Ômoto-Religion ist durch den von 1870 bis in die dreißiger Jahre aktiven religiösen Führer Deguchi Onisaburo berühmt geworden. Da ich schon lange ein starkes Interesse für diesen Menschen hegte, dachte ich mir: »Das ist es!« Bei dieser Gelegenheit zeigte ich dem Wasser seinen Namen! Das Ergebnis ist die obige Fotografie. Wir haben tatsächlich ein Bild nach meinen Vorstellungen von dieser Person erhalten. Das ist genauso voller Lichtenergie wie das Bild von den Sutren des tibetischen Tantrismus (Abb. 22).

Wenn man so einen Erfolg hat, dann möchte man auch verschiedene andere Personennamen auf eine Flasche kleben und einen Versuch daraus machen. Aber in einem gewissen Sinn ist das eine gefährliche Sache. Ich unterdrückte also meine Neugierde und dachte mir, dass ich vorerst nur noch einen solchen Versuch machen wolle. Wir erhielten die Fotografien auf den folgenden Seiten.

Je mehr ich mich mit Schwingungen beschäftigte, umso klarer wuchs die Erkenntnis, dass jede Energie Schwingung ist. Wo Schwingungen sind – so wusste ich –, sind auch »Töne«, ob wir sie nun hören können oder nicht. Das bedeutet: Ton = Schwingung = Energie.

Als ich darüber nachdachte, woher die Schwingungen, also diese Töne kamen, offenbarte sich mir plötzlich die Bedeutung

des Schriftzeichens »Ton«. Im Japanischen setzt sich das Schriftzeichen für Ton aus »stehen« und »Sonne« zusammen. Das heißt, wenn die Sonne aufgeht, entsteht der Ton = Schwingungen = Energie. Plötzlich wurde mir klar, dass jede Energie von der Sonne stammt, wie dies bereits die Menschen des Altertums intuitiv wussten.
Wenn man nun das Zeichen »dunkel werden« betrachtet, dann ist der Ton hinter einem Tor verschlossen, und ich verstand auf einmal, wie man eine Welt ohne Ton dunkel nennen kann. Das kann man auch im Zusammenhang mit der Quantentheorie verstehen. Die Menschen, welche die chinesischen Zeichen erfanden, mussten von all dem schon eine gewisse Vorstellung gehabt haben.

Ich bin vom Thema abgeschweift, aber früher gab es in der Tokonoma (Schmucknische im japanischen Haus, A.d.Ü.) eine Bildrolle, auf der »Amaterasu Ômikami« stand. Das ist natürlich die Sonnengöttin, also dachte ich, wie es wohl wäre, wenn ich dem Wasser diese Zeichen zeigte. Es war zwar etwas pietätlos, aber dennoch bat ich Satô, diesen Versuch durchzuführen. Das Ergebnis sind die beiden Fotos (Abb. 33 und 34).

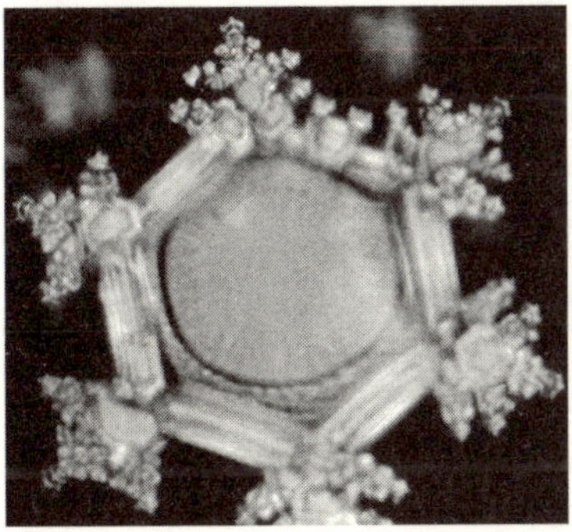

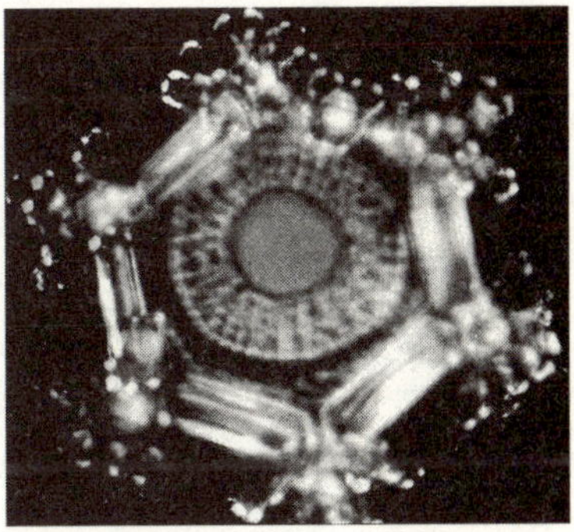

Abb. 33 (links) und Abb. 34 (rechts): Sie zeigen einen sich bildenden Kristall. Zwischen beiden Aufnahmen liegen ungefähr zehn Sekunden. Abb. 33 entspricht der tatsächlichen Vorstellung einer Sonnengöttin, Abb. 34 zeigt in der Mitte ein Bild, das man als Spiegel betrachten könnte.

Wenn man von guten Bedeutungen solche herrlichen Bilder erhalten kann, dann wollte ich auch – wie im Falle von »Danke« und »Dummkopf« – eine Abbildung einer schlechten Vorstellung sehen. Ohne nachzudenken, wählte ich einen Menschen mit einem schlechten Image aus. Da fiel mir der Name »Adolf Hitler« (Abb. 35) ein.

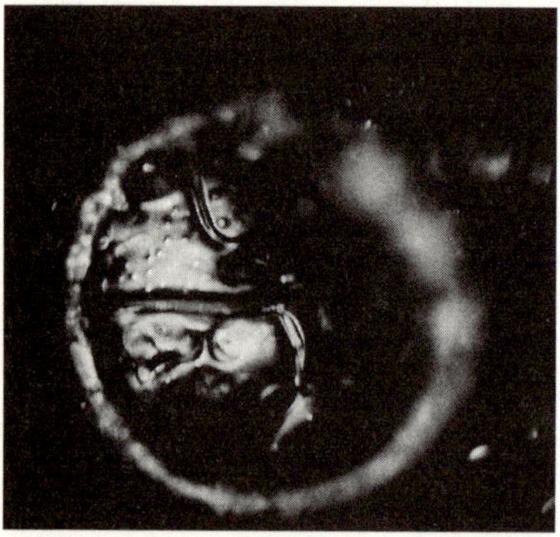

Abb. 35: Wasser, das die Information »Adolf Hitler« zu lesen bekam, bildet diesen Kristall. Er ist demjenigen von »Es ist zum Kotzen – ich bring dich um« (Abb. 31) sehr ähnlich.

Abb. 36: Hier sieht man, dass ein Sechseck nicht fertig geworden ist, und man fühlt, wie es mit aller Kraft versucht, sich noch zu entwickeln.

Normalerweise machen wir von einem einzigen Versuch mindestens fünfzig Fotografien. Weil wir trotz allem wissenschaftlich arbeiten wollen. Auch in diesem Fall haben wir fünfzig Bilder gemacht. Die meisten waren ganz schwärzliche Fotografien, aber darunter waren auch zwei oder drei Bilder dieser Art (Abb. 36). Wie böse der Mensch auch sei, wurde er durch irgendwelche Umstände zu jener Zeit so. Es gibt wohl keinen von Grund auf schlechten Menschen. Jeder trägt in sich eine versteckte Schönheit. Aber die Umgebung ist sich dessen nicht bewusst und somit kann sie nicht zum Leuchten kommen. Wenn man zum Beispiel jetzt solche Fotografien von den unglücklichen Jugendlichen in den Jugendgefängnissen machte, dann müsste man sicher auch solche Bilder von Kristallen machen können, die sich zu den schönsten Formen entfalten wollten. Ich möchte diesen Menschen solche Kristalle zeigen. Ich möchte ihnen sagen: »Du hast deinem Wesen nach eine solch schöne Gestalt. Komm, lasse deine Schönheit sich entfalten.« Einen Monat später möchte ich wieder ein Kristallfoto machen, um dann sagen zu können: »Schau mal! So erstaunlich ist deine Schönheit seit dem letzten Monat gewachsen!«.

Die Kraft der Worte hat auch Einfluss auf Mikroben

Wir haben eine Vereinigung von Menschen gegründet, die mehr über Wasser und Schwingungen wissen wollen, die »International Friends of Hado« (der Internationale Freundeskreis der Schwingungen). Bereits zehntausend Japaner sind Mitglieder geworden. Für diese Mitglieder wurde die Zeitschrift »Hado« ins Leben gerufen, durch die wir besonders schnell die neuesten Forschungsergebnisse bekannt machen. Auch über »Danke« und »Dummkopf« aus dem vorherigen Kapitel haben wir bereits vor etwa drei Jahren in »Hado« berichtet. Das war etwa im Juni 1997, und ein Mitglied aus der Präfektur hatte genau dazu eine Frage. Er kam mit zwei Gläsern zu uns. Auf dem einen klebte ein Zettel mit der Aufschrift »Dummkopf«, auf dem anderen ein Zettel mit »Danke«.

Er war sehr beeindruckt von dem Bericht darüber, wie dem Wasser die Schriftzeichen »Danke« und »Dummkopf« gezeigt und dann die Kristallfotografien gemacht worden waren. Die Sache hatte sein Interesse geweckt. Er hatte darüber nachgedacht und einen Versuch dazu angestellt. Er streckte uns zwei Gläser hin. Wir wussten nicht, was darin war, aber das eine war mit schwarzen, das andere mit cremig weißen Klumpen gefüllt.

»Das ist gekochter Reis. Ich habe ihn vor einem Monat gekocht, aber wie Sie selbst sehen, ist die Farbe ganz unterschiedlich, und wenn man den Deckel abnimmt, dann wird der Unterschied unverkennbar. Sind Sie einverstanden, wenn ich den Deckel kurz abnehme? Das stinkt ganz fürchterlich, aber um der guten Forschung willen. Zuerst einmal dieses (er hielt mir das weiße Glas vor die Nase).«

Der wohl bekannte Duft eines ausgereiften Reisweines schlug uns entgegen. »Hmmm, ein angenehmer Duft, nicht wahr?«

»Ja, und wie finden Sie diesen hier?« fragte er verschmitzt, während er das schwarze Glas öffnete. Kaum hatte er das Glas geöffnet, verspürte ich bereits einen heftigen Niesreiz.

»Das stinkt ja fürchterlich!«, so der einstimmige Tenor der Runde.

»Bitte entschuldigen Sie. Das ist das Resultat eines Versuchs, den ich gemacht habe. Ich habe zwei Kinder im Grundschulalter. Vor einem Monat füllte ich genau dieselbe Menge an gekochtem Reis in zwei Gläser. Auf das eine Glas klebte ich einen Zettel mit ›Dummkopf‹, auf das andere einen Zettel mit ›Danke‹. Als die Kinder aus der Schule kamen, bat ich sie, vor dem jeweiligen Glas ›Danke‹ oder ›Dummkopf‹ zu sagen. Und die Kinder haben dies einen Monat lang treu und brav durchgeführt, da es für sie interessant war.

Als sie aus der Schule nach Hause kamen, stellten sie ihren Schulranzen ab und veranstalteten einen Wettlauf zu den Reisgläsern und sagten mit lauter Stimme ›Danke‹ und ›Dummkopf‹ zu dem Reis in den Gläsern. Dabei war auch interessant, dass beim ›Danke‹ die Stimme ganz sanft wurde, beim ›Dummkopf‹ hatte sie auch eine passende Färbung. Das Ergebnis sehen und riechen Sie hier.«

Abb. 37: Links der Reis, der über längere Zeit hinweg mit »Dummkopf« angesprochen wurde, und rechts derjenige, der mit »Danke« angesprochen worden war.

Dieser Versuch hat uns etwas sehr Wichtiges gelehrt. Erstens: Der Unterschied zwischen guten und schlechten Worten wirkt sich auf die Qualität der Nahrungsmittel und des Wassers aus. Wir können mit gesprochenen oder geschriebenen Worten unsere Nahrung und im weitesten Sinne unsere gesamte Umwelt zu etwas Gutem oder Schlechtem transformieren. Ich halte es deshalb für angebracht, Kindern einen bewussten Umgang mit Nahrungsmitteln und Mahlzeiten beizubringen. Damit meine ich, dass sie die Dankbarkeit gegenüber der Mahlzeit nicht nur als Floskel, sondern von ganzem Herzen ausdrücken sollten. Im Japanischen sagen wir dazu »ich nehme dankend an« (jap. wörtliche Übersetzung für »Guten Appetit«) und »das hat gut geschmeckt«.

Etwas anderes hat dieser Versuch auch noch gezeigt, nämlich, dass Mikroben diese Worte und deren Bedeutung verstehen. Die direkte Ursache für die Schwarzfärbung und den Niesreiz auslösenden Geruch ist, dass die dem Menschen

schadenden Mikroben (schädliche Bakterien) in großen Mengen zunehmen.
Nun, warum werden es nur noch schädliche Bakterien? Das kommt selbstverständlich daher, dass »Dummkopf« voller negativer Energie steckt. Diese überlagert die negative Energie der schädlichen Bakterien und im Endeffekt verstärken sie sich gegenseitig. Gleiches gilt selbstverständlich für die Worte der Dankbarkeit. Die positive Energie des »Danke« unterstützt die nützlichen Bakterien in ihrem Wachstum. Ich rufe immer dazu auf, mit den Mikroben gut auszukommen. Die Basis dafür wäre also, über sie immer nett und mit Dankbarkeit zu sprechen.

Die Entfernungen überwindende Energie der Wortseele

Innerhalb der oben erwähnten »International Friends of Hado« (dem Internationalen Freundeskreis der Schwingungen) gibt es eine Gruppe von Hado-(Schwingungs-)Lehrern.

Abb. 40: Das ist der Kristall des Leitungswassers von Kita-Shinagawa in Tokio, bevor das Wasser durch das Gebet bedacht wurde. Wie Sie sehen, war es nicht gerade ein schöner Kristall.

In ganz Japan gibt es inzwischen mehr als fünfhundert solcher Hado-Lehrer. Diese kommen aus den Reihen der gewöhnlichen Mitglieder, wollen aber weiterführende Studien über die Schwingungen betreiben und in der Zukunft mit eigenen Zielen verbinden, oder ein wenig bei der Verbreitung der Ideen über das Wasser und die Schwingungen helfen. Sie sind für mich Menschen mit einem starkenWillen.

Im Februar 1997 habe ich mit ihrer Hilfe einen Versuch durchgeführt. Dieser hatte Folgendes zum Inhalt: Auf dem Schreibtisch in meinem Zimmer stellte ich Leitungswasser des Büros im Stadtteil Kita-Shinagawa von Tokio bereit. Dann bat ich die Teilnehmer, am 2. Februar um genau 2 Uhr nachmittags zu beten mit den Worten »Das Leitungswasser im Zimmer des Herrn Direktor Emoto ist sauber geworden. Vielen Dank.« Am 3. Februar gefroren wir sofort dieses Wasser, und am Abend des darauf folgenden Tages waren die Fotografien fertig.

Als ich das Ergebnis sah, konnte ich die Freude darüber nicht mehr zurückhalten. Unvermittelt stieß ich einen Freudenschrei aus: »Wir haben es geschafft!« Ich hätte wirklich nicht gedacht, dass wir einen so wunderschönen Kristall erhalten

Abb. 41: Der schöne Kristall, der durch das Senden eines liebevollen Gefühls entstanden war, nachdem die Gruppe gebetet hatte.

würden. Damit war es also bewiesen. Die Entfernung für die Energie der Wortseele spielt keine Rolle.

Die Übertragung von Schwingungen kann mit den Fotografien bewiesen werden!

Die Schwingungsmessgeräte wie der Magnetic Resonanz Analyzer (MRA) haben immer auch eine Funktion, mit der Schwingungen übertragen werden können. Die Theorie der Messgeräte basiert auf der Sendung von schwachen Interferenzen (Schwingungen). Diese werden an den zu Untersuchenden (das zu untersuchende Ding) ausgesandt, und je nachdem, ob es zu Interferenzen kommt oder nicht, wird die Information verifiziert. Wenn man nun die Ausstrahlung der Schwingungen verstärkt, dann überträgt man die Schwingungen.

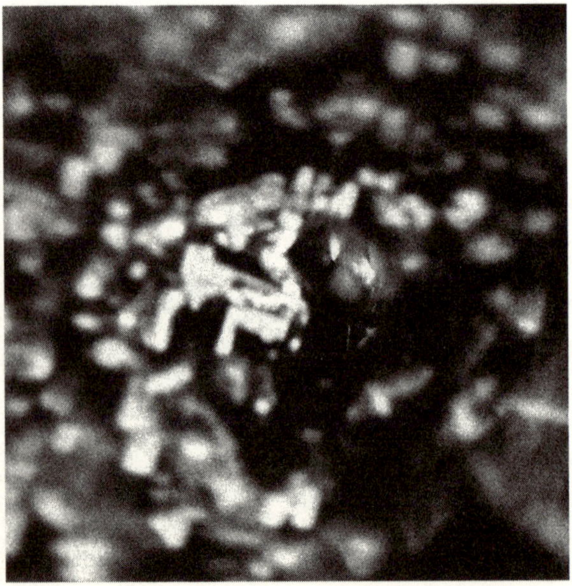

Abb. 42: Leitungswasser von Kita-Shinagawa, bevor die Immuninformation übertragen wurde.

In den meisten Fällen sind die Schwingungen auf Wasser zu übertragen. Aber ob nun wirklich zu einem bestimmten Zweck Schwingungen übertragen wurden oder nicht, geht nicht über die Theorie der Ergebnisse hinaus: z. B., ob die Gesundheit eines Menschen, der ein solches Wasser getrunken hat, nun besser wird oder sich nicht verändert. Da es nun beim Menschen den sogenannte Placebo-Effekt gibt (die psychologische Wirkung eines Scheinmedikamentes, was heilend auf den Patienten einwirkt), steht die Übertragung noch nicht auf einem naturwissenschaftlichen Fundament. Wie Sie sich denken können, ruft diese Theorie natürlich heftige Diskussionen hervor.

Durch die Entwicklung dieser Technik, bei der Wasser gefroren wird und dann Kristallfotografien gemacht werden, steht dieses Problem vor der Lösung. Zum Beispiel handelt es sich bei Abb. 42 um einen Kristall des bereits erwähnten Leitungswassers des Büros in Kita-Shinagawa in Tokio. Im Gegensatz dazu zeigt Abb. 43 einen Kristall, bei dem mittels eines MRA der Code des Immunsystems übertragen wurde. Deutlich sieht man beim Vergleich von vorher und nachher, dass sich im späteren Kristall die klassische Form von Immunität, das einzigartige Schildpattmuster, herausgebildet hat.

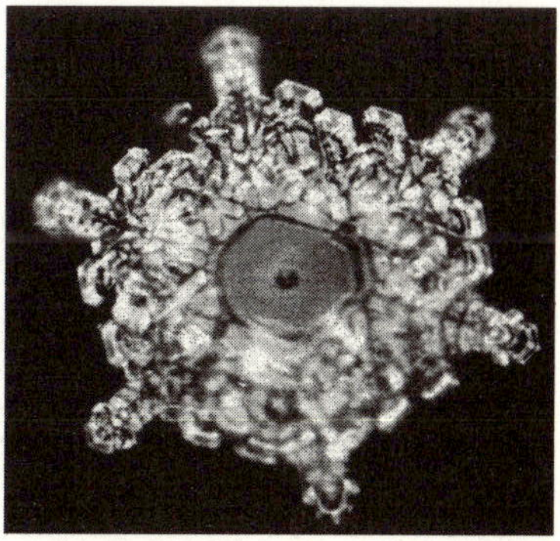

Abb. 43: Leitungswasser von Kita-Shinagawa, nachdem die Immun-Information übertragen wurde. Die ganze Gestalt hat die mit der Immunität in Verbindung stehende Schildpattform angenommen.

Außerdem hat der Erfinder des Microcluster-Wassers, Herr Dr. Lee H. Lorenzen, eine eigene Methode zur Übertragung magnetischer Information auf destilliertes Wasser etabliert. Lorenzen bringt das destillierte Wasser mittels eines Lasers in Rotation und stempelt dem Wasser den Magnetismus der Substanz auf. Diese Herstellungsmethode wurde im Januar 1998 in den USA patentiert.

Abbildung 44 Microcluster-Wasser zeigt das von Herrn Lorenzen entwickelte »Andes 400«. Die 400 bedeutet, dass dieses Wasser 400-fach verdünnt zu trinken ist. Auf dieses Wasser wurde die Information eines Extraktes aus dem Harz des in den Anden vorkommenden »Cats-Claw«-Baumes übertragen. Da er bei allen Krankheiten wirksam ist, wurde dieser Cats-Claw-Baum von alters her besonders gepflegt. In den letzten Jahren wurde er aber gerade wegen seiner Heilkraft übermäßig gerodet und ist nun vom Aussterben bedroht. Lorenzen hörte dies von einem Freund in Peru und entwickelte mit seiner Methode ein Wasser, für das ihm viele Menschen dankbar sind.

Es ist ihm gelungen, die Informationen des Baumes zu nutzen, ohne seinen Bestand weiter zu dezimieren. Wie Sie sehen, bildet dieses Wasser einen sehr schönen Kristall, in dem aber immer noch die Struktur des destillierten Wassers zu erkennen ist.

Abbildung 45 zeigt das Microcluster-Wasser »Culture 200«. Dieses Wasser hat die Informationen des im für Langlebigkeit bekannten Kaukasus so beliebten fermentierten Schafsmilchgetränkes übertragen bekommen. Da man dieses Getränk nicht exportieren kann (die Charakteristika der Mikroben verändern sich), hat man nur die Information extrahiert und auf das Wasser übertragen. Wie Sie sehen, handelt es sich hier um einen kompletten Schildpatt-Typen, einen wunderschönen Kristall, der die Kraft hat, die Immunkraft zu steigern.

Abb. 44: Schöner Kristall aus dem Microcluster-Wasser »Andes 400«

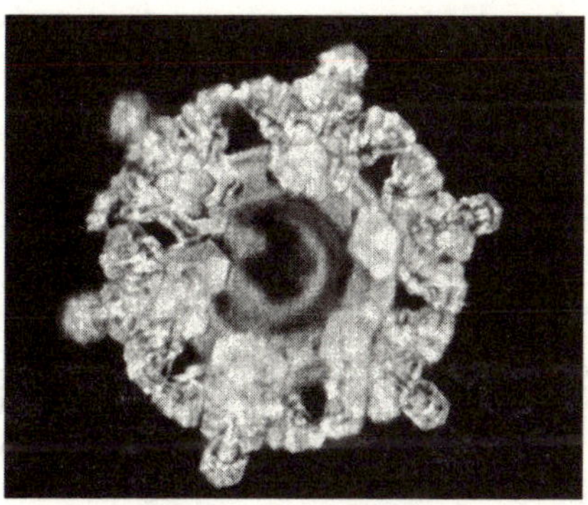

Abb. 45: Schildpatt-Kristall aus dem Microcluster-Wasser »Culture 200«

Das Wasser eines Staudammes mit Schwingungen behandeln

Vor einigen Jahren wurde ich vom Amt für Wasserwirtschaft des Ministeriums für Bauwesen gebeten, eine Studie über Methoden zur Reinigung des Staudamm-Wassers mittels Schwingungsübertragung durchzuführen.

Derzeit bringen die Staudämme in den verschiedensten Gebieten Japans unterschiedliche Probleme mit sich. Eines der größten Probleme ist die Verschlechterung der Wasserqualität. Es ist nur natürlich, dass das Wasser sofort stockt, da es ja aufgestaut wird. Wenn es stockt, schreitet die Oxidation fort und sogenannte Wasserblüten treten in großen Mengen auf. Dies hat einen starken Einfluss auf die Natur in der Umgebung. Oder aber dieses schlechte Wasser wird in den Unterlauf gespült, wo es in der Landwirtschaft und im Alltag Verwendung findet und weitere Probleme auslöst.

Die Fotografie (Abb. 46) zeigt einen Kristall aus dem gefrorenen Wasser, das aus einem Damm in der Präfektur Saitama abgeflossen ist. Er hat keine Ähnlichkeit mit einem Kristall. Wir haben dieses Wasser mit dem MRA behandelt und ihm Schwingungen zur Qualitätsverbesserung übertragen. Abbil-

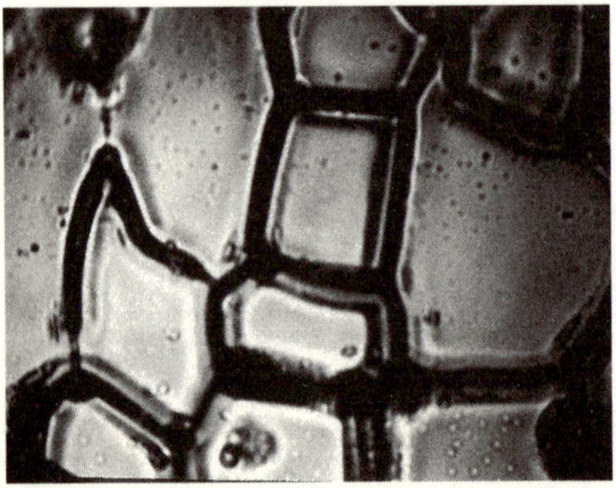

Abb. 46: Kristallfotografie des Staudamm-Wassers vor der Schwingungsübertragung.

Abb. 47: Ein schöner Kristall des selben Staudamm-Wassers nach der Schwingungsübertragung.

dung 47 zeigt den Kristall nach dieser Schwingungsübertragung. Zu unserer Freude entstand ein sehr schöner Kristall.

Selbstverständlich hat das Ministerium für Bauwesen die Wasserqualitätskontrollen durchgeführt und die Inhaltsstoffe des Wasser vor und nach der Behandlung untersucht. Nach der Behandlung gab es nur einen kleinen Unterschied: Die Stoffe setzten sich etwas schneller am Boden ab. In anderer Hinsicht wurden keine Unterschiede festgestellt. Die Ergebnisse waren sehr enttäuschend und der Versuch wurde auf Eis gelegt.

Wir sind jedoch sehr zufrieden, dass wir wenigstens einmal eine solche Chance hatten. Wir forschen immer noch an den Ursachen, warum ein mit Schwingungen behandeltes Wasser auf der materiellen Ebene keine Unterschiede zeigt.

Dies zeigt jedenfalls, dass wir wohl noch viel Zeit investieren müssen, bis wir ein mit Schwingungen behandeltes Wasser auch auf der materiellen Ebene verändern können (falls das überhaupt möglich ist). Ich werde auf jeden Fall nicht aufgeben und versuchen, den Beweis dafür zu erbringen. Wie dem auch sei, wenn wir tatsächlich Aussichten darauf haben, sollte dies letztendlich auch eine Änderung in der Chlorbehandlung bewirken. Deshalb werden wir uns weiterhin in dieser Sache engagieren.

Wir glauben, dass das Fotografieren von Wasserkristallen eine sehr effektive Methode ist, um nachzuprüfen, ob bestimmte Informationen auf das Wasser übertragen, von ihm reflektiert wurden, oder nichts von alledem. Satô hat, während er Aufnahmen vom Wasser des Staudammes machte, ein sehr interessantes und wertvolles Foto machen können.

Der Kristall wächst. Wenn man Wasser gefriert, dann entfaltet sich der Kristall zwischen minus fünf und null Grad Celsius, schmilzt und verschwindet dann. Währenddessen hat Satô das Bild etwa sechzig Sekunden belichtet. Da hat er im Mittelteil des Kristalles eine sich in der Farbe verändernde Form aufzeichnen können. Rosa und blau wechseln sich ab, fast so wie Neonreklame in verschiedenen Farben aufleuchtet. Was hat denn das zu bedeuten? Wir verstehen es noch immer nicht so richtig. Ich denke, dass der Kristall abwechselnd Yin/Yang, plus/minus (positiv/negativ) zeigt. Oder aber das Wasser atmet vielleicht selbst auch. Was auch immer es sei, man kann es ganz deutlich sehen.

Wasser verändert sich, wenn es menschliches Bewusstsein aufnimmt (von Dr. Kazuya Ishibashi)

»Das Erdbeben von Kobe hat großen materiellen Schaden und viele Todesopfer gefordert. Nicht nur die Opfer selbst, sondern alle Menschen in Japan haben die schreckliche Gefahr durch Erdbeben von neuem erfahren.

Ein Erdbeben wird dadurch hervorgerufen, dass durch die gegensätzlichen Bewegungen des Erdmantels Plattenverwerfungen entstehen. Diese Energie verbreitet sich als Welle. Wenn Wasser von Schwingungen beeinflusst wird, dann müsste auch die Energie eines Erdbebens im Wasser zu sehen sein. Ich habe von einem Hado-Lehrer Wasser geschickt bekommen, das drei Tage nach dem Erdbeben in der Stadt Kobe geschöpft worden war. Wir gefroren es sofort und waren sehr erstaunt, dass fast alle Kristalle gleich aussahen. Die Kristalle des Wassers waren nicht einfach nur zerrissen, sondern ganz und gar zerstört.

Als ob das Wasser das Furchtbare des Erdbebens widerspiegelte, sagte mehr als die Hälfte der Menschen, die diese Fotografien sahen: »Diese Fotos sehen ganz anders als die anderen aus. Sie verbreiten eine schlechte Stimmung.« Wenn das Wasser die Seele widerspiegelt, dann nimmt das Wasser zusammen mit der Energie des Erdbebens auch Panik und Angst, die tiefe Trauer über die erfahrene Zerstörung auf.

Aber ich erinnere mich, dass gleich nach dem Erdbeben die Stadt Kobe durch die Hilfe von freiwilligen Helfern aus ganz Japan und der ganzen Welt langsam wieder aufgebaut wurde. Ich ließ mir also nach drei Monaten von denselben Stellen wieder Wasser schicken. Als wir diese Kristalle fotografierten, konnte man dort, wo nach drei Tagen überhaupt keine Kristalle zu sehen waren, die ersten Ansätze von Kristallen sehen. Darunter war auch ein wunderschöner Kristall, von dem man nicht glauben konnte, dass es sich um Leitungswasser handelte. Wir fühlten, dass auch das Bewusstsein der vom Erdbeben Betroffenen seinen Heilungsprozess begonnen hatte.

Dies zeigte uns, dass das Wasser wohl auch das Bewusstsein der Menschen aufnimmt. Ich dachte auch, dass, wenn man regelmäßig aus allen Regionen Wasser gefriert und die Kristalle betrachtet, vielleicht auch eine Vorahnung von Erdbeben möglich sei. Das heißt auch, dass wir bei der Betrachtung von Wasserkristallen aus der ganzen Welt sehr oft ähnliche Kristalle wie sofort nach dem Erdbeben gesehen haben. Ich werde später noch davon berichten, aber einige Monate vor der Entnahme von Wasserproben hatte es in dieser Gegend ein Erdbeben gegeben. Wieder einmal wurde mir bewusst, was für ein wunderbares Element das Wasser doch ist.«

Soweit die Stellungnahme von Dr. Ishibashi. Als er mir die Aufnahmen der Wasserkristalle von Kobe unmittelbar nach dem Erdbeben zeigte, stockte auch mir der Atem. Wenn Sie folgendes Bild (Abb. 48) betrachten, dann wird wohl jeder von Ihnen Ähnliches fühlen.

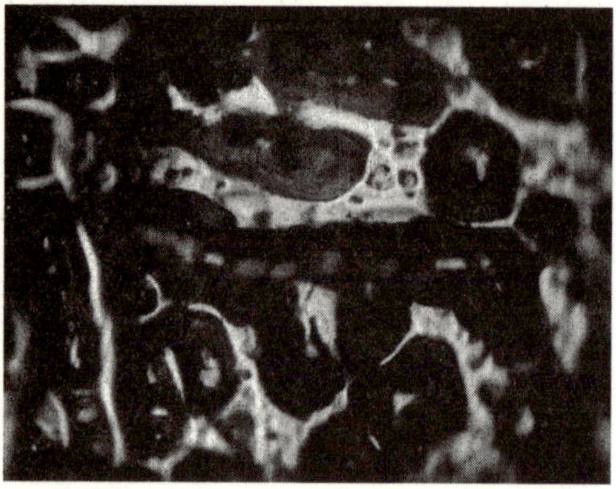

Abb. 48: Leitungswasser aus dem Stadtgebiet Kobe drei Tage nach dem Erdbeben. Das Jahrhundert-Erdbeben von Kobe hat seine Spuren auch im Wasser hinterlassen. Dieser Kristall wurde direkt nach dem Beben fotografiert.

Da es ein sehr beängstigendes Foto ist, hatte ich zunächst Bedenken, es zu veröffentlichen. Als ich jedoch die Bilder des Wassers drei Monate nach dem Erdbeben sah (Abb. 49), war ich ehrlich gesagt erleichtert und zugleich zutiefst bewegt. Wie Dr. Ishibashi sagte, war darunter die Fotografie eines Kristalles, der so schön war, dass man sich kaum vorstellen konnte, dass es Leitungswasser war.

Ich fragte mich, wie das zu erklären sei. Dann drängte sich mir ein Gedanke auf, der immerfort sagte: »Immunstärke ist

Liebe.« Die niedergeschlagenen Menschen von damals, von denen man glaubte, dass sie die Kraft zum Wiederaufstehen verloren hätten, waren von einer Krankheit geschlagen, bei der sie nicht mehr wussten, was sie tun sollten; sie waren hilflos wie Babies. Aber die Mutter schützt ihr Baby, pflegt es, gibt ihm all die Liebe, die sie hat. So gewinnt das geschwächte Baby seine Widerstandskraft wieder zurück und erholt sich.

Abb. 49: Ein schöner Kristall aus demselben Wasser aus Kobe, drei Monate nach dem Erdbeben.

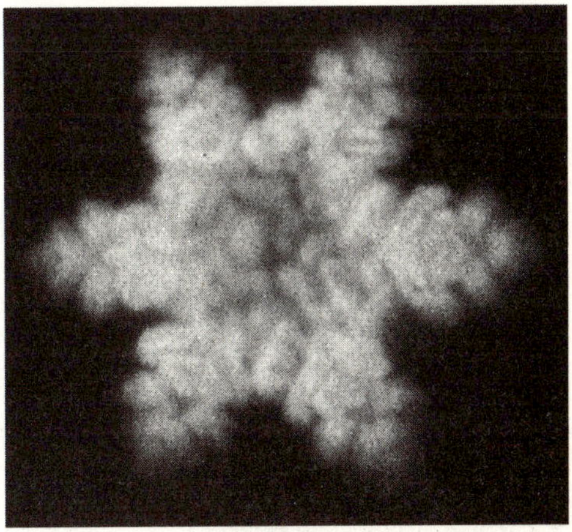

Die umfangreichen Geld- und Sachspenden aus dem ganzen Land, ja sogar der ganzen Welt, und die vielen aktiven freiwilligen Helfer wirkten wie Schwingungen der Liebe anderer Menschen, um die Widerstandskraft zu stärken. Dadurch stärkten die Bewohner von Kobe ihre Widerstandskraft und konnten innerhalb einer solch kurzen Zeit den Wiederaufbau verwirklichen. Das Wasser hat diese Schwingungen vollständig aufgenommen, was sich in der Form seiner Kristalle zeigt.

Diese Katastrophe hat uns vor allem daran erinnert, dass die Menschen im Notfall zusammenhalten und sie ihre ursprüngliche Tendenz zur Hilfe und Kooperation nicht vergessen. Ich habe sogar den Eindruck, als ob ich inmitten des Dramas einen hellen Lichtstrahl gesehen hätte. So träume ich davon, wie schön es wäre, wenn dieser Instinkt, diese Hilfsbereitschaft des Menschen im normalen Alltagsleben von jedem ohne einen Hauch von Angeberei eingesetzt werden könnte.

Ki-Energie im Wasser

Ich werde oft gefragt, wie sich Ki (wörtlich »Dampf«, A.d.Ü.) von den Schwingungen unterscheidet. Nach der Definition von dem, was ich Schwingung nenne, bedeutet es pulsierende Interferenzen mit Magnetfeldmustern, die mit dem menschlichen Bewusstsein Gefühle beeinflussen. Deshalb ist das Ki auch ein Teil der Schwingungen, und ich denke, dass das Wasser durch die Ki-Energie in seiner Kristallstruktur verändert wird.

In Abbildung 50 sehen Sie den Kristall des Leitungswassers von Kita-Shinagawa im Juni 1995. Wir nahmen dieses Wasser und brachten es Yukio Funai, der es täglich liebevoll verehrte. Wir baten ihn, das Ki seiner Liebe auf das Wasser zu richten. Funai tat es gern. Er tauchte mit dem Finger, den er zuvor über seinem Kopf bewegt hatte, in das Wasser und rief dabei leise »Ei-ya!«

Abb. 50: Eiskristallfotografie des Leitungswassers von Kita-Shinagawa in Tokio (Juni 1995).

Abb. 51: Ein prächtiger Kristall, den wir erhielten, nachdem Yukio Funai sein liebendes Ki in das gleiche Wasser gesandt hatte.

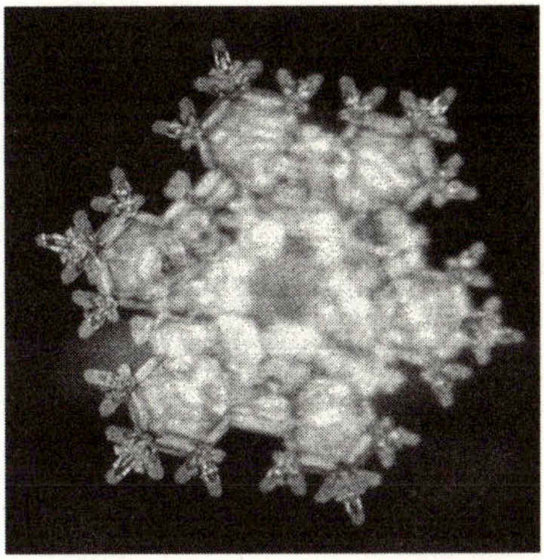

Das war alles. Wir nahmen dieses Wasser und machten sofort Eiskristallbilder. Das Ergebnis sehen Sie in Abb. 51. Es gibt keine Ähnlichkeit mehr mit dem vorherigen Zustand (Abb. 50). Das Wasser hat sich zu einem Kristall von wunderbarer Schönheit verwandelt.

Das Problem der Reproduzierbarkeit und die Eiskristallfotografien von destilliertem Wasser

(von Dr. Kazuya Ishibashi)

Als Nächstes möchte ich auf die Problematik der Reproduzierbarkeit von Eiskristallen eingehen. Dr. Ishibashi schreibt hierzu Folgendes:

> »Als ich mich so ziemlich an den Versuch gewöhnt hatte, kamen von außen viele Hinweise auf die Bedeutung der Reproduzierbarkeit. Da wir für eine wissenschaftliche Versuchsanordnung ein sogenanntes Basiswasser (d.h. ein Wasser, von dem man jederzeit denselben Kristall erhalten kann) benötigen, entschloss ich mich, ein bestimmtes destilliertes Wasser eines Herstellers für diese Zwecke zu testen, es also wiederholt zu gefrieren.
> Im Ergebnis kann man wie bei den Schneeflocken auch bei den Eiskristallen niemals dasselbe Muster erhalten. Wenn man aber sehr viele Wasserproben gefriert, ist die Kristal-

lisationsrate (diese zeigt an, in welchem Prozentsatz die sechseckige Form als Basis entsteht) reproduzierbar. Auch bei der Übertragung von denselben Schwingungen mit dem MRA auf das Wasser konnte ich eine große Ähnlichkeit zwischen den Kristallformen feststellen. Das heißt, die Reproduzierbarkeit des Versuches ist gegeben und echte Beziehungen zu den Formen, welche durch Schwingungsinformation entstehen, sind herausgearbeitet.

Klassifizierung der Kristalle

Punkte	Klassifikation	Charakteristika und Erklärungen
100	Herrlicher Kristall	Besonders schöner Kristall, vollständig ausgeprägter Kristall
90	Schöner Kristall	Schöner, ausgeformter Kristall
80	Sechseck Strahlenförmig	Kristall mit wenig Verzierungen, Sechseck vollständig ausgeformt Verästelung von der Mitte aus schöner Kristall
70	Sekundäres Sechseck Sekundäre Strahlen Brettform	Kristall ohne Details, Teil fehlt oder schief Verästelungen gehen von der Mitte aus. Ein brettförmiger Kristall
60	Kern Äste	Kernförmiger Kristall Kristall, der wie Äste eines Baumes aus dem Eis wächst
50	winzig rund Block	Ein winziger Kristall in der Form eines Sechseckes oder Kernes, auch rund Runder Kristall Viele Kerne oder runde Formen, die in undefinierter Form zusammenkleben
20	Undefinierbare Form Vertiefter Kristall	Kristall ohne definierte Form Schön geformter Ring um Vertiefung
10	Sekundäre Vertiefung	Gerade noch vollständiger Ring um eine Vertiefung
0	Vertiefung nichts	Kristall, dessen Mittelteil eingefallen ist Kein Kristall zu sehen

Damit ist der anfängliche Zweck des Versuches erreicht. Als Wissenschaftler war ich jedoch unbefriedigt, da ich beim Gefrieren von destilliertem Wasser keine guten Kristalle erhielt. Ich fragte mich warum. Das von allen Schadstoffen gereinigte pure Wasser sollte eigentlich harmonische und schöne Kristalle bilden. Wo doch das natürliche Wasser solch schöne Kristalle bildet. Vielleicht fehlen dem destillierten Wasser die Mineralien und Spurenelemente, weshalb es auch nicht besonders schmeckt. Werden vielleicht deshalb keine schönen Kristalle gebildet?

Aber als ich Kristalle eines besonders reinen Wassers fotografierte, das bei einem Halbleiterhersteller benutzt wird, da war meine Unzufriedenheit wie weggeblasen: Ich hatte einen wunderschönen Kristall erhalten. Das war ein bahnbrechendes Ereignis, das mein Fotografenherz höher schlagen ließ.«

Folgende Abbildungen zeigen die von Dr. Ishibashi beschriebenen destillierten Wässer. Abb. 52 zeigt in der Tat einen ziemlich platten, sechseckigen Kristall ohne Besonderheiten. Es ist interessant, dass bei einer Übertragung der gleichen Schwingungsinformation mittels des MRA auf diese Wasser-

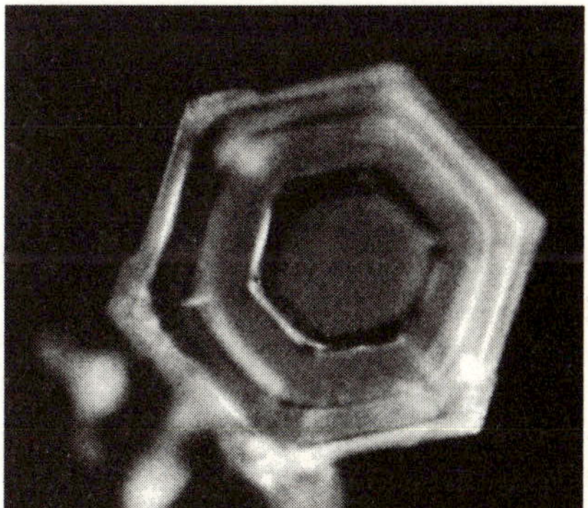

Abb. 52: Kristall eines destillierten Wassers. Schlicht in der Ausprägung, aber klar strukturiert.

Abb. 53: Kristall eines destillierten Wassers, dem Schwingungen der Immunkraft übertragen worden waren.

Abb. 54: Auch auf dieses destillierte Wasser wurden die gleichen Schwingungen der Immunkraft übertragen. Man kann deutlich die Ähnlichkeit in der Form und die gemeinsame Veränderung gegenüber dem Ausgangswasser erkennen.

probe sehr ähnliche Kristalle entstehen (Abb. 53 und Abb. 54 entstanden an unterschiedlichen Tagen).

Wir haben bis heute die meisten Kristallfotografien von Wasser, auf das immunstärkende Schwingungen übertragen wurden, und wie Sie selbst sehen, können wir mit Sicherheit sagen, dass das Wasser mit hoher Immunkraft auf den Kristallbildern ein Schildpattmuster zeigt.

Das kommt daher, dass wir auch bei Wässern, die wir von anderen zugeschickt bekamen, bei »gutem Wasser« dasselbe grundlegende Schildpattmuster feststellen konnten. Tatsächlich, das Sprichwort »der Kranich wird hundert Jahre alt, die Schildkröte zehntausend«, wird hier für mich zweifelsfrei bestätigt. Die vorherigen Bilder sind dafür ein Beispiel: Beide Kristalle haben eine Form, die einen Schildkrötenpanzer erahnen lassen.
Nun wenden wir uns dem Problem der Reproduzierbarkeit zu. Das ist eine sehr schwierige und delikate Frage. Aber ich möchte an dieser Stelle doch etwas dazu sagen. Es gibt die Theorie, dass es seit etwa 2,1 Milliarden Jahren, als der erste Regentropfen fiel, bis heute keine zwei gleichen Schneekristalle gegeben hat. Ist das vorstellbar? Das menschliche Bewusstsein kann diese Dimensionen nicht fassen. Für uns ist dies vollkommen außerhalb unseres realen Fassungsvermögens.

Ob es in Wirklichkeit so ist, lässt sich schwer beweisen. Allerdings sagt mir mein Verstand, dass es wohl so sein wird, und das vermute ich nicht nur, weil bisher noch niemand zwei gleiche Schneekristalle gesehen hat. Aber – es müsste sehr viel ähnliche Kristalle geben. Ich habe hier ein Buch zur Hand, es heißt »Schneekristalle«. Es wurde vom Schnee-Kunstmuseum der Stadt Asahikawa auf Hokkaidô herausgegeben. Es zeigt eine Vielzahl schöner Kristallfotografien. Beim Durchblättern fällt sofort auf, dass es tatsächlich sehr viele ähnliche Kristalle gibt.

Der verstorbene Professor Dr. Kichirô Nakatani von der Hokkaidô Universität, der wegen seines Nakatani-Kristall-Diagrammes berühmt wurde, hat die ähnlichen Formen der Kristalle in sechseckige und plus-undefinierte Formen kategorisiert. In Anlehnung daran haben auch wir unsere Kristallfotografien nach ihrer Form in zehn Gruppen unterteilt. Wenn man diese Daten sammelt und die einzelnen Formen mit den

einzelnen Wässern in Verbindung bringt, dann ist eine systematische Klassifikation nur eine Frage der Zeit.
Ich glaube, dass es keine identischen Eiskristalle gibt, wie es auch keine identischen Menschen gibt. So individuell, wie sich jeder Einzelne von Ihnen fühlt, so einzigartig sind auch die Eiskristalle. Mögen manche auch Doppelgänger kennen, die vielleicht die gleiche Gestalt und Körpergröße haben, mögen eineiige Zwillinge wie ein Ei dem anderen gleichen, je genauer wir diese Doppelgänger jedoch unter die Lupe nehmen, umso deutlicher werden die Unterschiede. Dabei spreche ich nicht einmal von den unverwechselbaren und eindeutigen Fingerabdrücken. Wahrscheinlich ist das in der Welt der Pflanzen und Tiere genauso. Natürlich war das auch schon in grauer Vorzeit so, als diese entstanden sind.

In der modernen Naturwissenschaft wird Reproduzierbarkeit als sehr wichtig angesehen. Aber wenn Reproduzieren bedeutet, dass dasselbe ein zweites Mal auftaucht, dann müsste ich hier etwas sehr Unwissenschaftliches sagen: Wenn es nämlich diese Bedeutung hat, dann müsste man das Wort »Reproduzierbarkeit« durch Wörter wie »Ähnlichkeit« ersetzen, weil uns die Natur lehrt, dass es kein zweites gleiches Ereignis gibt.

Auch unsere Technik, Wasser zu gefrieren und Kristallfotografien zu machen, hat in diesem Sinne bis heute keinen Absolutheitsanspruch. Der Kristall selbst ist aber nicht nur einfach eine Vorstellung, sondern Wirklichkeit. Denn die Kamera, die ja eine Maschine ist, hat diese Existenz festgehalten, und der Beweis ist uns geblieben. So sind auch die Seelenfotografien unzweifelhaft naturwissenschaftliche Wahrheiten. Deshalb rufe ich die Wissenschaftler auf, es auch auszuprobieren, damit sie wie wir über die erhaltenen Bilder nachdenken und sie beurteilen können. Das ist sehr wichtig und ich denke, dass wir eines Tages zu einer echten naturwissenschaftlichen Methode kommen werden.
Ich glaube zum Beispiel, dass bei unserer Versuchsreihe sich die

Naturwissenschaftler am meisten für die Ergebnisse des hyper-reinen Wassers interessieren werden. Reines Wasser für die Reinigung von Halbleitern u.ä. wird mehrmals durch Ionenaustausch mittels Harz verfeinert, um möglichst alle fremden Substanzen aus dem Wasser zu eliminieren. Das Wasser, das wir in unserem Versuch verwendeten, wird bei einem namhaften Halbleiterhersteller verwendet. Sein hoher Reinheitsgrad hat ihm den Namen hyperreines Wasser eingebracht. Nun, was bedeutet es, wenn ein Wasser fast ohne Verunreinigungen eine besonders detaillierte und schöne Kristallstruktur zeigt? Normalerweise definiert man einen Kristall als ein Atom oder Molekül, das eine dreidimensionale Regelmäßigkeit aufweist, ein regelmäßig angeordneter fester Stoff ist. Wenn man aber von dieser Definition ausgeht, dann ist dieses Ergebnis des hyper-reinen Wassers sehr philosophisch. Wir müssen über die Bedeutung dieser Sache noch weiter nachdenken.

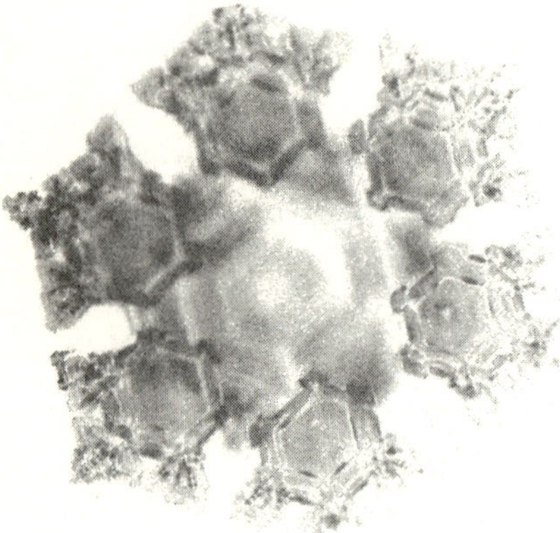

Yamanashi Präfektur, Sanbuichi-Quelle
Diese Quelle wird vom Schmelzwasser des Yatsugatake gespeist. Sie hat ihren Namen von der Legende, nach der Shingen Takeda, um einen Streit um Wasser zu vermeiden, einst aus der Quelle drei Wasserläufe entspringen ließ. Der außerordentlich schöne Kristall spiegelt wohl den Wunsch nach Friede wieder. In der Mitte ein gleichmäßiges Sechseck, von dessen Ecken jeweils drei Zweige ausgehen. Hier entwickelt sich ein überirdisch schöner Kristall heraus.

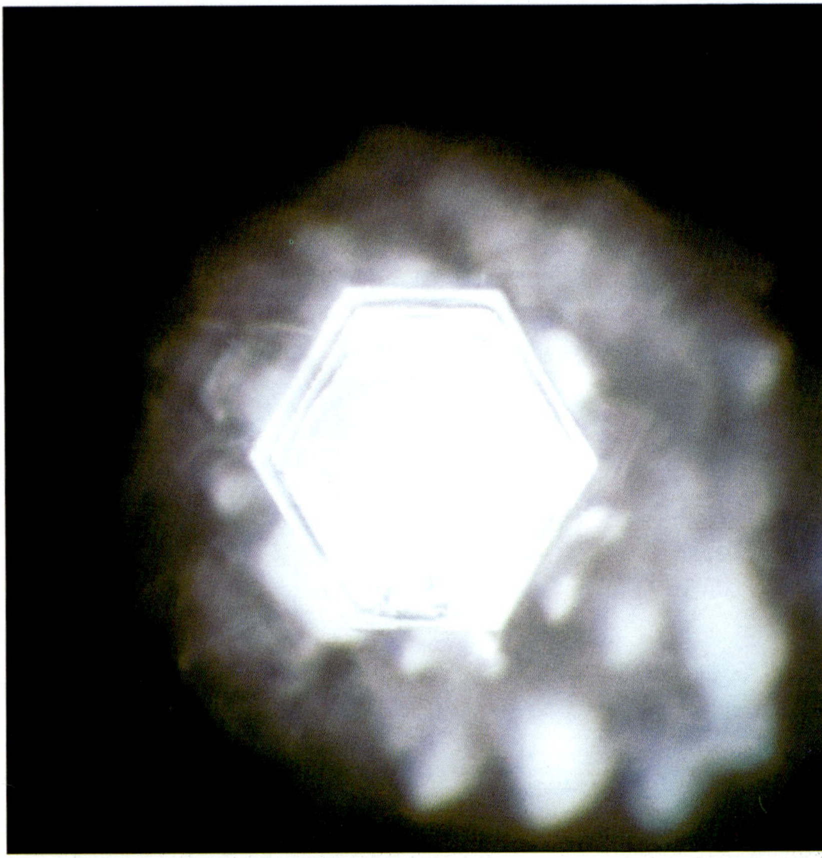

Leitungswasser aus Sapporo

Das Leitungswasser aus Sapporo kommt aus dem Toyohira-Fluss. Mit reißender Strömung fließt er durch die Natur und durch eine reichhaltige Umgebung, aber wenn dieses Wasser zu Leitungswasser wird, dann verschlechtert sich die Qualität rapide. Wenn man diesen Kristall aber mit denjenigen von Leitungswasser aus anderen Städten vergleicht, so ist er noch relativ schön.

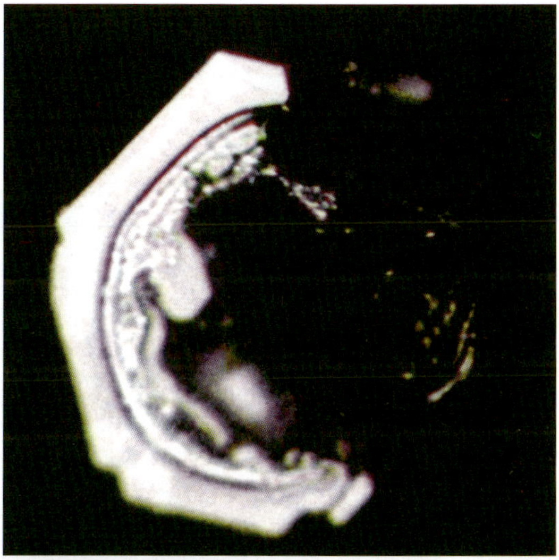

Leitungswasser aus Sendai, der »Stadt der Schreine«. Sendai ist bekannt für sein gutes Wasser. Jedoch war es uns aus unerfindlichen Gründen nicht möglich, einen schönen Kristall von diesem Leitungswasser zu bekommen. Auch das Regenwasser aus Sendai hat uns keine besonders schönen Kristalle gezeigt.

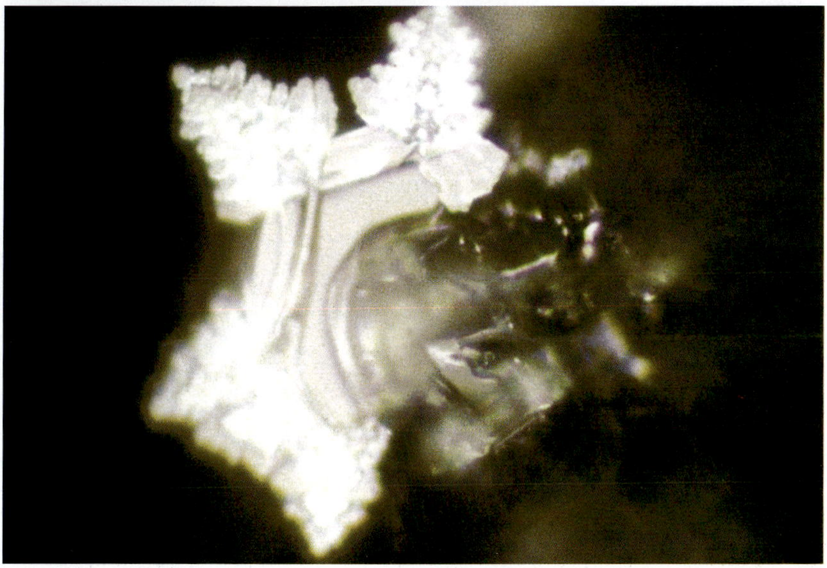

Leitungswasser aus Nagoya
Auch das Leitungswasser aus Nagoya, das aus dem Kisogawa-Fluss kommt, versucht einen sechseckigen Kristall auszubilden. Leider schafft er es trotz größter Anstrengungen nicht, und wir sehen nur seine leidende Form. Wahrscheinlich hat das beigefügte Chlor an der Beschädigung des Kristalles Schuld.

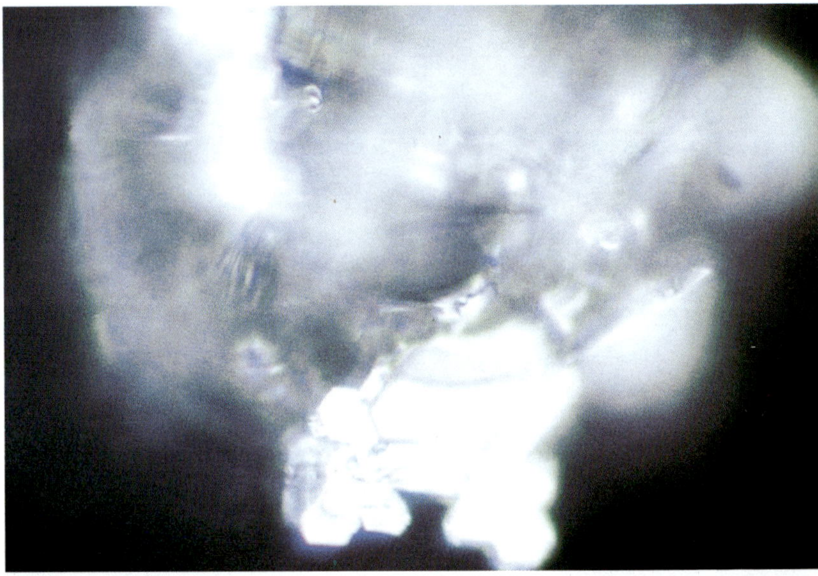

Leitungswasser aus Fukuoka
Das Leitungswasser aus der größten Stadt der Insel Kyûshû, Fukuoka, zeigt uns ebenso eine grausam verstümmelte Form. Man kann erkennen, wie der Kristall sich anstrengt, aber aus welchen Gründen auch immer ist mehr als die Hälfte des Kristalles zerbrochen, als ob ein Fremdkörper eingedrungen wäre.

Leitungswasser aus New York. Vom Trinkwasser aus der größten Stadt der Welt, erhielten wir entgegen unseren Erwartungen einen wohlgeformten Kristall. New York setzt nicht so viel Chlor ein, sondern behandelt mehr mit Fluor und Ozon. Außerdem ist es weit verbreitet, auf den Dächern der Hochhäuser Regentonnen aus Zedernholz aufzustellen, was sicher auch zu diesem guten Ergebnis beiträgt.

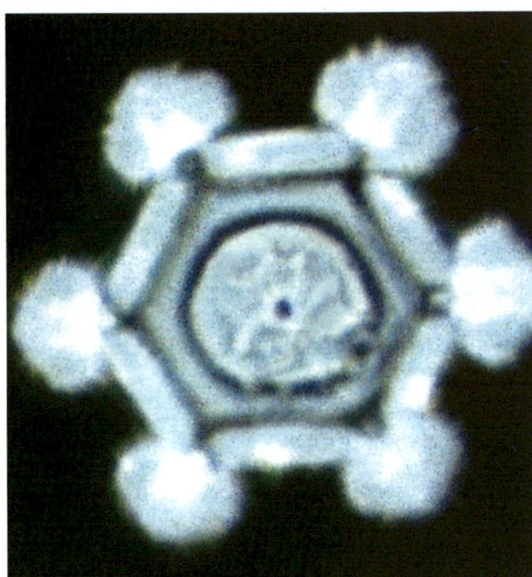

Leitungswasser aus Vietnam
Das ist Leitungswasser vom Flughafen Hô-chí-min, im wieder geöffneten Vietnam. Wir haben einen wunderschönen Kristall erhalten. Hier wird wohl kaum Chlor eingesetzt.

Quellwasser des Saijo in der Präfektur Hiroshima. Diese Stadt ist von alters her bekannt für ihr wohlschmeckendes Wasser und gilt neben Nada in der Präfektur Hyogo und Fushimi bei Kyoto als Reiswein-Stadt. Der Kristall von diesem Quellwasser ist bis in die Mitte hinein detailliert ausgestaltet. Er zeigt uns eine nicht zu überbietende Schönheit.

Präfektur Kochi, Shimantogawa-Fluss (Mittellauf)
Der Shimantogawa-Fluss wird auch als der »letzte klare Fluss Japans« bezeichnet. Den Erwartungen entsprechend hat er uns einen wunderschönen Kristall gezeigt. Selbst am Mittellauf gibt es solch schöne Kristalle, so dass es wohl noch viel schönere am Oberlauf geben müsste. Ich glaube, dass die farbigen Ringe in der Mitte die Gefühle der Menschen in der Umgebung widerspiegeln.

»Danke«
Ein Kristall des Wassers, auf dessen Behälter ein Stück Papier mit dem Wort „Danke" geklebt hatte. Das ursprüngliche Wasser ist dasselbe destillierte Wasser wie bei dem nachfolgenden „Dummkopf". Allein durch die unterschiedlichen Worte haben wir solch verschiedene Kristalle erhalten. Dieser Kristall ähnelt demjenigen des Wassers, das die „Goldberg Variationen" von Bach gehört hatte (vgl. Abbildung 15 S. 40). Es heißt, dass Bach dieses Stück, Herrn Goldberg in Dankbarkeit gewidmet hatte.

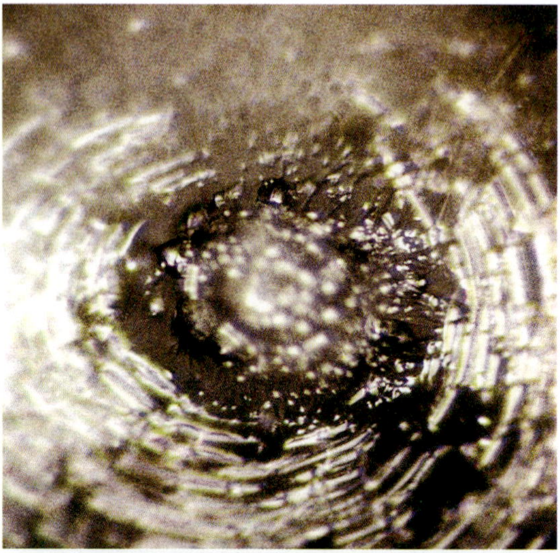

»Dummkopf«
Das ist Wasser, das mit der Information »Dummkopf« am Glasbehälter versehen wurde. Es ist dem Wasser der Abb. 24 auf Seite 44, das Heavy Metal Musik gehört hatte, sehr ähnlich. Ein solches Ergebnis kommt wohl daher, dass dieses Stück einen Text hatte, welcher der Gesellschaft „Dummkopf" entgegenschreit.

»Komm, wollen wir das tun?«
Ein Kristall der mit der Information, „Komm, wollen wir das tun?" präpariert wurde. Wenn man das Wasser sanft mit „Komm, wollen wir das tun?" anspricht, bildet sich so ein lieblicher Kristall, wie er auf der Fotografie abgebildet ist.

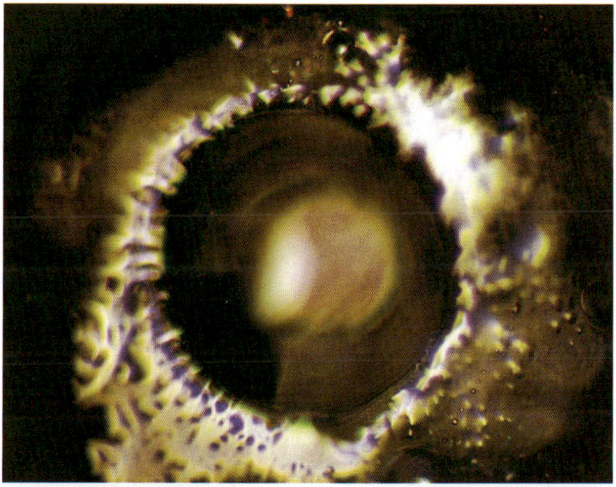

»Tu das!« Es ist erstaunlich, welchen Unterschied die Befehlsform eines Wortes in der Kristallform hervorruft. Es ist erschreckend zu denken, welchen Einfluss der Befehl »Tu das!« auf unsere Kinder haben kann.

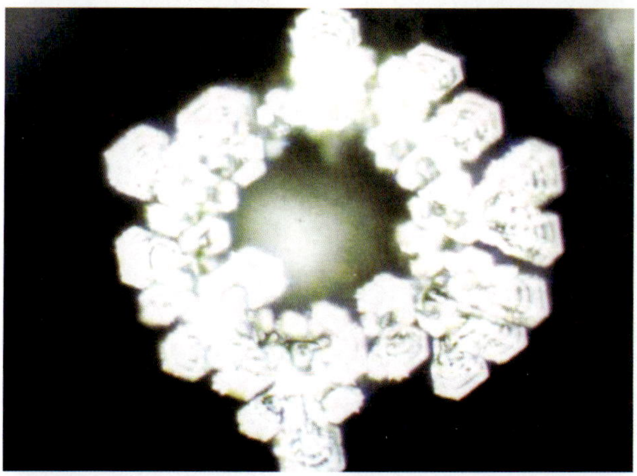

Quelle von Lourdes. Dieser Kristall erklärt wohl die Heilkräfte, die dem heiligen Wasser von Lourdes zugesprochen werden.

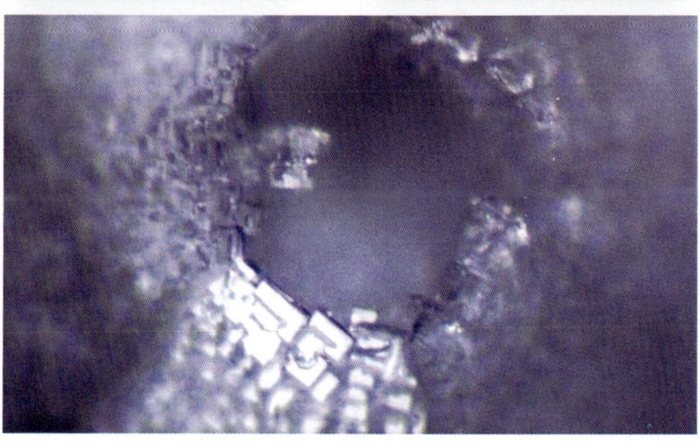

Leitungswasser von Luzern, Schweiz.

»Amaterasu Ômikami«
Kristall des Wasser, das den Namen der zentralen Gottheit aus dem japanischen Pantheon, die auch die große Schöpfergöttin des Universums genannt wird, »Amaterasu Ômikami«, an seinem Behälter kleben hatte. Die Zweige sehen aus wie die »gohei« (heilige Papierwedel, A.d.Ü.), die in den Schreinen benutzt werden. Als ich diese Fotografie Europäern zeigte, die ja von »Amaterasu Ômikami« nichts wussten, ging ein Raunen durch den Saal. Im Ursprung ihres Herzens haben sie vielleicht so etwas in ihrem Unterbewusstsein gespeichert.

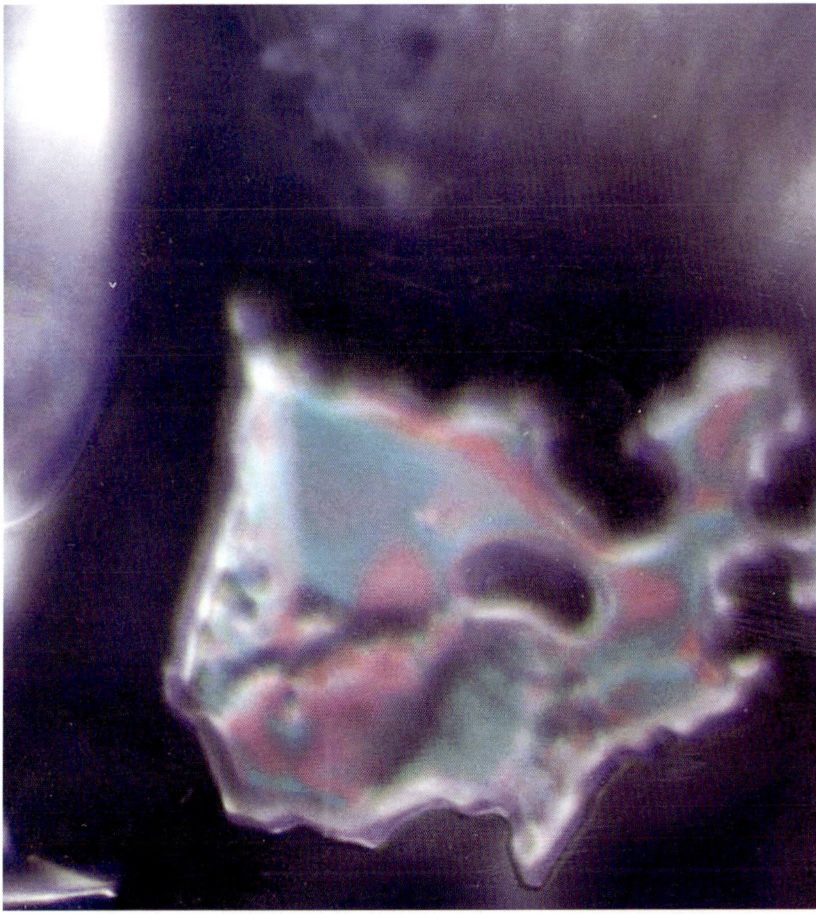

Leitungswasser von Berlin. Kaum ein Ansatz von Kristallbildung. Das Trinkwasser von Berlin hat, wie zu erwarten war, nicht gerade eine gute Qualität.

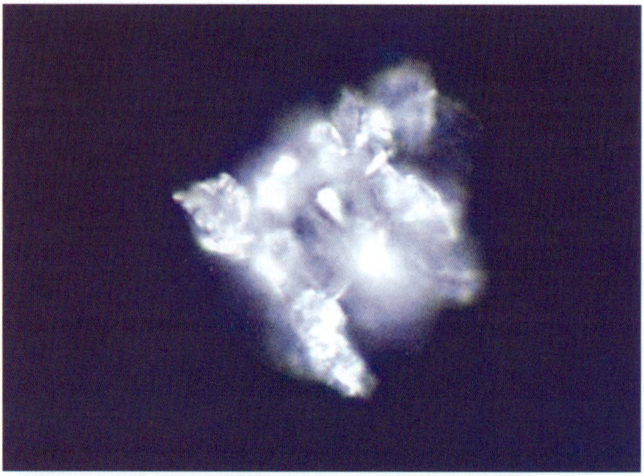

Leitungswasser von Bern.

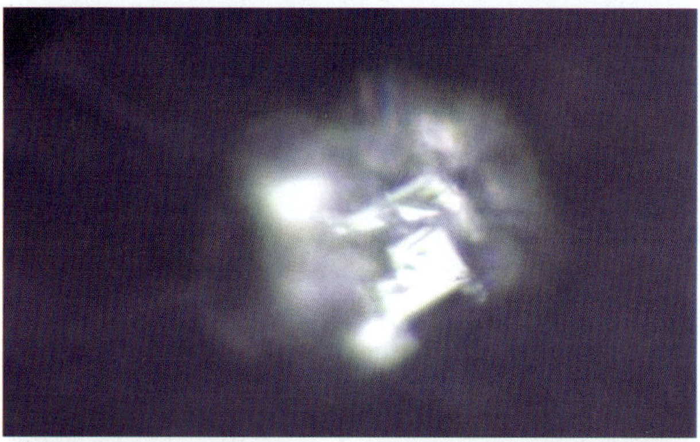

Leitungswasser von Dresden.

Wasser vom Lago Maggiore. Zauberhafter Kristall, der aus dem Wasser des italienischen Bergsees gebildet wurde.

Luzerner See, Schweiz

Rhein Oberlauf, Deutschland: Die Überraschung! Wär hätte gedacht, dass der Rhein schon wieder so schönes und gutes Wasser führt? Die Sanierungsbestrebungen haben hier eine enorme Wirkung gezeigt.

Leitungswasser aus Wien, Österreich.
Zwischen beiden Bildern liegen drei Jahre. Erfreulich zu sehen, wie schnell sich die Qualität des Wassers ändern kann.

Wakkanai
Kushiro
Sapporo
Hakodate
Aomori
Akita
Morioka
Niigata
Tokio
Yokohama
Kanazawa
Shinano
Shimizu
Biwa See
Nagaoya
Kyoto
Kobe
Osaka
Hiroshima
Kochi
Kitakyushu
Oita
Fukuoaka
Kumamoto
Kagoshima

Kapitel 3: Tausend und eine Leserzuschrift

Eine Klassifikation der eintausend Leserzuschriften

Wie bereits in der Einleitung erwähnt, bekomme ich heute noch täglich fünf bis sechs Postkarten von Menschen, die das Buch »Botschaft des Wassers« gelesen haben. Nachdem ich tausend Zuschriften erhalten hatte, begann ich, systematisch an die Rückmeldungen heranzugehen. Ich ordnete die Zuschriften nach Geschlecht und Alter.

Altersgruppe	Männer	Frauen
10 – 19 Jahre	2	3
20 – 29 Jahre	27	55
30 – 39 Jahre	70	135
40 – 49 Jahre	79	162
50 – 59 Jahre	90	162
60 – 69 Jahre	52	48
70 – 79 Jahre	17	22
80 – 89 Jahre	1	1
Ohne Altersangabe	12	82
Summe	**330**	**670**

Man sieht auf den ersten Blick, dass mehr Frauen als Männer geantwortet haben. Es sind genau 33 Prozent Männer und 67 Prozent Frauen. Die meisten sind zwischen 30 und 60 Jahre alt. Das heißt, dass besonders in den gesellschaftlich und familiär engagierten Altersgruppen die meisten Interessenten zu finden sind.

Da es im Bildband hauptsächlich um Umwelt, Erziehung und Lebensart ging, ist das auch nicht weiter verwunderlich. Wahrscheinlich liegt das auch am Preis (2.800 Yen ≈ 24 Euro). Wie dem auch sei, ich habe jedenfalls das Gefühl, dass dieses Buch hauptsächlich von Müttern unterstützt wird.

Als ich die Zuschriften genauer unter die Lupe nahm,

bemerkte ich zu meinem Erstaunen, wie vielschichtig die Resonanz und die Reaktion auf das Buch doch waren. Zweieinhalb Tage saß ich bis spät in die Nacht. Ihre freundlichen Nachrichten und ihr Mitgefühl waren für mich so spannend, dass mich diese Arbeit keine Energie kostete, sondern im Gegenteil, sie mir so viel Spaß machte, dass ich bis in die Fingerspitzen motiviert wurde und voll Energie war. Hier nun die schönsten Zuschriften nach Themengebieten geordnet *kursiv* gedruckt, darunter mein Kommentar.

Das Rätsel des Wassers

Ich war sehr gerührt, dass »Wasser« ein solch feinfühliges, unschuldiges und aufrichtiges Lebewesen ist. Ich meine, dass die Menschen, deren Leben vom Wasser getragen wird, ihm auf ewig verpflichtet sind. (Frau, 39 Jahre alt, Hausfrau)
Sie haben das Wasser eindeutig als »Lebewesen« bezeichnet. Bei dem heutigen Wissensstand werden wir dafür ausgelacht, aber in der Zukunft wird man das wohl als Wahrheit anerkennen. Es ist ein Lebewesen mit besonderen Eigenschaften, aber wenn man das Wasser nicht auf diese Weise betrachtet, dann treffen alle Erklärungen der Lebensphänomene ins Leere.

Obwohl nur Menschen so etwas wissen können, tun nur Menschen so etwas Unvernünftiges, schämen sich dann und haben ein schlechtes Gewissen. Ich war auch zutiefst gerührt von der Empfindsamkeit des Wassers. (Mann, 66 Jahre alt, ohne Arbeit)
Lassen wir es dabei, dass bisher auch die Menschen nichts davon gewusst haben. Aber jetzt haben wir es herausgefunden. Deshalb müssen wir unser Verhalten ändern. Wenn wir trotz unseres Wissens die alten Fehler wiederholen, dann gibt es keine Rettung. Wir sollten es aber besser wissen.

Ich bin sehr gerührt. Wenn man es bedenkt, dann ist Wasser, wie sooft gesagt, sehr offen und direkt. Ich möchte ab jetzt vom Wasser lernen und mit der richtigen Einstellung leben. (Mann, 64 Jahre alt, Steuerberater)
Das Wasser ist wirklich sehr offen und direkt. Aber es hat die entsprechende Größe, Gutes und Böses hinzunehmen. Das Wasser ist ein Spiegel der Einstellungen. Es ist ein Spiegel des Selbstbewusstseins.

Als ich erkannte, dass das Wasser, bei welchem wir auf einen Blick nur sauber oder schmutzig unterscheiden können, verschiedene Gesichter hat, war ich erstaunt und zugleich sehr beängstigt. Ich möchte jetzt viel mehr über das Wasser wissen. (Mann, 66 Jahre alt, Angestellter)
Wasser ist ein Spiegel der Einstellung. Dass es verschiedene Gesichter hat bedeutet, dass es die Einstellungen verschiedener Menschen widerspiegelt. Oder man kann auch sagen, dass eine einzige Person verschiedene Facetten des Bewusstseins zeigt.

Ich wusste bereits, dass Japan mit Wasser gesegnet ist, aber ich vergaß dafür dankbar zu sein. Sie haben das Bewusste konkretisiert und gut verständlich dargestellt. (Frau, 36 Jahre alt, Hausfrau)
Wir Japaner haben wohl die Dankbarkeit vergessen, da wir allzusehr mit Wasser gesegnet sind. Der Regen, der in letzter Zeit auf Japan herabgeht, ist nicht mehr schön. Wenn das so weitergeht, dann dauert es nicht mehr lange bis Japan nach Wasser dürstet. Gerade deshalb sollten wir dem Wasser dankbar sein.

Ich konnte aufs Neue spüren, dass Wasser die ungewöhnliche Fähigkeit zur Informationsübertragung besitzt. Ich glaube auch, dass damit eine neue Messmethode für gutes Wasser gefunden wurde. (Mann, 58 Jahre alt, Selbständiger)
Es ist derzeit besser zu sagen Wasser habe eine Fähigkeit zur

Informationsübertragung, als dass es ein Bewusstsein habe. Ich gehe später darauf genauer ein.

Wasser ist direkt, nicht wahr? Es fiel mir wie Schuppen von den Augen, dass es Gedanken, Töne, verschiedene Dinge übertragen kann. (Frau, 49 Jahre alt, Angestellte)
Wenn man Schwingungen studiert, dann kommt garantiert das Wort »Übertragung« vor. In unserem Zusammenhang bedeutet der Begriff, dass bestimmte Informationen mittels eines Schwingungsübertragungsgerätes auf Wasser übertragen werden. So ein Wasser wird generell als »Schwingungswasser« oder »Funktionswasser« bezeichnet.

Ich habe gelernt, dass wenn das Zentrum eines Wasserkristalls Yin (weiblich) ist, es zusammenfällt, und wenn es Yang (männlich) ist, einen Kristall ausbildet. Ich möchte mich dafür bedanken, dass das Wasser mich so vieles gelehrt hat. (Mann, 56 Jahre alt, Gaststättengewerbe)
Tatsächlich gibt es so etwas wie ein Zentrum, einen Kern des Kristalles. Manchmal ist es wie ein schwarzes Loch oder wie ein Kern, der Lichtstrahlen aussendet. In der Regel bildet der erste Kern einen ungleichmäßigen, der zweite einen wunderschönen Kristall aus. Ich denke, dass es sehr wichtig ist, herauszufinden, was das bedeutet, und bin gerade dabei, über verschiedene Erklärungsansätze nachzudenken. Hut ab vor Ihrer scharfen Beobachtungsgabe.

Darauf habe ich schon lange gewartet! Durch diesen Bildband werden Menschen in aller Welt sich der großen Bedeutung des Wassers bewusst werden. Eine Fotografie ist besser als einhundert Erklärungen. Das ist überall in der Welt so. Ich sehe vor meinem geistigen Auge, wie jeder Einzelne sich dazu Gedanken macht und diese weiterverbreitet. Ich bin so glücklich, dass endlich dieser große Tag gekommen ist. (Frau, 30 Jahre alt, Angestellte)
Diese Postkarte kam gleich, nachdem das Buch auf den Markt gebracht worden war. Und jetzt, neun Monate später,

habe ich tatsächlich das Gefühl, dass diese Vorstellung eingetroffen ist. Es gibt auch viele Zuschriften aus dem Ausland, so dass wir europäische Ausgaben beschlossen haben. Bald wird die englische, französische, deutsche, holländische, spanische Ausgabe usw. erscheinen. Vielen Dank für Ihre Kraft der Gedanken.

Ich habe bereits Vorträge von Ihnen besucht und bin zutiefst gerührt. Wann immer ich Freunde treffe, erzähle ich ihnen über diese Rührung. Es ist notwendig, dass dieses Wissen in Japan und der ganzen Welt verbreitet wird. Viel kann ich nicht tun, aber ich unterstütze Sie gerne. Die Pflanzen in unserem Haus sind jetzt sehr gesund. Das kommt wohl daher, dass sie das Wasser der Liebe empfangen. Das hat doch wohl auch einen Einfluss auf den Ackerbau? (Frau, 56 Jahre alt, Selbständige)
Natürlich macht das einen großen Unterschied. Die Mitglieder der Organisation DFC (Dreaming Farmers' Club – Klub der träumenden Bauern) der Präfektur Iwate setzen in der Landwirtschaft Wasser ein, auf das liebevolle Gedanken übertragen wurde. Ihr Produkt heißt »Hado-Reis«. Es schadet diesem Reis nicht, in der Kälte zu wachsen und er schmeckt auch sehr gut.

Ich war bei der Veranstaltung »Danke, Biwa-See«. Dort habe ich Ihren Diavortrag gesehen und auf dem Heimweg das Buch gekauft. Es heißt oft, dass die Wasserqualität sich verändert, aber ich dachte, dass die Veränderung auch mit dem Auge wahrnehmbar sei. Es ist auch interessant, dass sich das Wasser auf Grund von Worten verändert, oder auch, dass das Wasser in der Regel sauber werden möchte. Ich habe ganz stark gespürt, wie wichtig die Worte und Gedanken sind. Nachdem ich das Buch an amerikanische Freunde geschickt hatte, waren auch sie sehr gerührt und sagten, dass es sehr wichtig sei, sich darüber Gedanken zu machen. Sie sagten auch, dass die Fotografien sehr schön seien. Schön, dass es ihnen gefallen hat.« (Frau, 37 Jahre alt, Verkäuferin)

»Das Wasser möchte in der Regel sauber werden« – wie wahr das ist. Es strengt sich mächtig an, einen schönen Kristall auszubilden, aber irgendwie gelingt es nicht. Chlor, andere Schadstoffe und letztendlich unser Desinteresse behindern die Kristallbildung.

Ich bin gerührt. Besonders, da man aus den Unterschieden bei den Namen schlussfolgern könnte, dass das Wasser sich die Ereignisse in der ganzen Welt merkt. Das hat mich sehr erstaunt. Ich habe nur zur Hälfte daran geglaubt, dass die Reinigung des Wassers durch Gebete wirklich stattgefunden hat, aber Sie haben mich nun überzeugt. (Frau, 26 Jahre alt, Teilzeitangestellte)
Wir wissen noch nicht, ob das Wasser sich vergangene Ereignisse merkt. Im Moment schätze ich, dass der geschriebene Personenname wie eine Antenne zu den persönlichen Informationen funktioniert. Deshalb muss bei einem Namen wie Hans Meier die Person durch das Geburtsdatum und die Adresse näher bestimmt werden.

Mir ist wieder einmal bewusst geworden, dass Wasser kein einfacher Stoff ist, sondern die verkörperte Lebenskraft der Natur, ein Reinigungsmittel, das die göttliche Funktion besitzt, alle Dinge zum Leben zu erwecken und wachsen zu lassen. Ich bin zutiefst gerührt, wie die Einstellungen, Gefühle und Schwingungen eine sichtbare Veränderung im Kristall zeigen. Dies ist ein wundervolles Anschauungsmaterial, um die Bedeutung des Begriffes »Seele« und die Wichtigkeit der Worte zu spüren und zu erklären. (Mann, 71 Jahre alt, Firmenvorstand)
Am meisten hat mich beeindruckt, dass, wenn wir zum Beispiel durch Missverständnisse oder Dummheit das Wasser verschmutzen, das Wasser dann nicht unwiederbringlich verdorben ist. Wenn wir es bereuen und wieder gutmachen, dann kehrt das Wasser zu seiner ursprünglichen, herrlichen Schönheit zurück. Die Verschmutzung wird – wie man so zu sagen pflegt – ganz und gar weggespült. Das ist die Rettung.

Ich habe begriffen, dass das Leben und die Erde wichtig sind. Wie dankbar wir doch für alles Lebendige (einschließlich dem Wasser) sein müssen. Es ist mir klar geworden, dass alles zusammenhängt, und dass wir dies vielen Menschen weitererzählen müssen. (Frau, 39 Jahre alt, Hausfrau)

Wenn man sich nur auf die Erde beschränkt, dann ist es im Lichte der Nahrungskette eindeutig und klar, dass alles zusammenhängt. Wir Menschen jedoch haben die Nahrungskette unterbrochen und das System nach unserem Geschmack verändert. Das ist aber nur provisorisch, denn letztendlich wird das Gefühl von Ganzheit und gegenseitiger Hilfe des Ökosystems zusammenbrechen. Wir müssen zum ursprünglichen Zustand zurück.

Ich bin seit langem Mitglied bei den International Friends of Hado (dem Internationalen Freundeskreis der Schwingungen). Von allen Publikationen ist dieses Buch am überzeugendsten. Es wäre schön, wenn dieses Buch in allen Bibliotheken Japans stünde oder auf andere Art und Weise vielen Menschen zugänglich wäre. Es ist ein sehr viel schöneres Buch geworden, als ich mir vorgestellt hatte. Man kann es wohl als einen Wegweiser ins 21. Jahrhundert bezeichnen. Jeder, der sich eingehend mit diesem Buch beschäftigt, versteht allmählich das wahre Gesicht dieser Welt. Ich denke, dass die Gewässer uns diese Zeichen geben. (Mann, 65 Jahre alt, Firmenvorstand)

Vielen Dank für Ihre weitreichenden Hinweise. Wir alle fragen uns: »Woher kommt der Mensch und wohin geht er? Und wozu?« Ich wünsche mir, letztendlich ein Buch herauszubringen, das uns einen direkteren Weg zu unserem Ziel zeigt.

Gefühle und Schwingungen

Ich habe größten Respekt vor Herrn Professor Emoto, der entdeckt hat, dass man Schwingungen in der Form des Eiskristalles

sichtbar machen kann. Ich möchte das Buch »Die Botschaft des Wassers« möglichst vielen Menschen zeigen. (Mann, 69 Jahre alt, ohne Anstellung)
Zuerst schrieb ich 1992 das Buch »Prolog für das Zeitalter der Schwingungen« (Sunroad Verlag). Ich selbst denke, dass der Titel passend ist, denn nun hat endlich der erste Akt begonnen.

Es war sehr, sehr gut. Es glitzerte so schön, dass ich nicht anders als glücklich sein konnte. Ich liebe Glas und alles was glänzt. Für mich ist Wasser sehr wichtig, so dass ich sehr dankbar für die Begegnung mit diesem Buch bin. Herzlichen Dank. (Frau, 28 Jahre alt, Berufsschülerin)
Ich glaube, dass diese Kristalle Mandalas sind. Die Schwingungen sind die nackten Informationen, die darin eingewoben sind. Schwingungen werden immer von Tönen begleitet. Das Schriftzeichen für »Ton« wird aus den beiden Zeichen »Stehen« und »Sonne« zusammengesetzt. Das heißt, dass alles uns von der Sonne, vom Licht gegeben ist. Ihre Liebe zum Licht ist ein Beweis für Ihre gute Gesundheit.

Ich habe das Buch von Bekannten aus Ôsaka geschenkt bekommen und mit großem Interesse gelesen. Ich hatte vorher schon davon gehört, dass die Wasserqualität durch Schwingungen verändert werden kann. Nun hat diese Tatsache sehr deutliche Formen angenommen, so dass ich die Hoffnung hege, dass es wirklich so sein möge. Der Mensch ist auch ein Teil der Natur. Wenn nun auf diese Weise klar wird, was die Natur dem Menschen und was der Mensch der Natur gibt, habe ich den Eindruck, dass von einem anderen als dem naturwissenschaftlichen Blickwinkel die Formen der Koexistenz mit der Natur sichtbar werden. Ich möchte ohne chemische Desinfektionsmittel und ohne Genmanipulation auf eine gute Art und Weise mit der Natur im Einklang leben. (Frau, 40 Jahre alt, Künstlerin)
Der Ausdruck »was die Natur dem Menschen und was der Mensch der Natur gibt« ist wunderbar. Wenn jeder immer

so denken würde, würden nicht nur alle Umweltprobleme, sondern auch Probleme in der Erziehung und mit der alternden Gesellschaft gelöst werden und sich zum Positiven wenden.

Ich wusste, dass man Schwingungen auf Lebewesen und Pflanzen übertragen kann, aber die Entdeckung, dass sie auch auf Wasser einen deutlichen Einfluss haben, und dies bewiesen werden konnte, hat mich bewegt. Ich finde es toll. (Mann, 68 Jahre, Angestellter einer religiösen Organisation)
In den Lebewesen und Pflanzen ist auch ziemlich viel Wasser enthalten. Deshalb glaube ich, dass alles auf dieses Wasser übertragen wird.

Ich habe gelernt, dass der menschliche Körper zu siebzig Prozent aus Wasser besteht und es deshalb am allerwichtigsten für einen selbst und die anderen wäre, wenn wir die richtige Einstellung hätten und einander mit guten Worten ansprechen würden. Der Inhalt dieses Buches bringt meiner Ansicht nach einen Lichtstrahl in diese durcheinander geratene Zeit. (Frau, 61 Jahre alt, Hausfrau)
Ich denke genauso wie Sie. Die Welt ist jetzt im Chaos. Sie alle wissen, dass das Wort »Chaos« ein Fachwort aus der Quantenmechanik ist. Es handelt sich um ein Phänomen aus der subatomaren Welt, wo man die Nichtreproduzierbarkeit noch nicht naturwissenschaftlich erklären kann. Deshalb sind die universellen Tendenzen noch nicht festgelegt. Diese Kristallfotografien sind richtiggehend Bilder dieser Chaos-Welt. Meiner Meinung nach hängt es deshalb von den Gefühlen des Lesers ab, welche Schritte er morgen unternehmen wird. Diese Handlungen münden im Kollektivbewusstsein, gehen in die Naturwissenschaft ein und bestimmen dann das Ziel der Menschheit.

Beim Betrachten der Eiskristallfotografien habe ich begriffen, wie wichtig Worte sind. Außerdem wurde mir klar, dass jeder

Gedanke sich materialisiert, und ich habe entdeckt, wie wichtig die richtige Einstellung ist. (Mann, 37 Jahre alt, Angestellter)
Diese Kristalle sind Wirklichkeit, und sie sind es nicht. Weil sie nämlich bei null Grad Celsius schmelzen und sich so nie wieder zeigen. Für das Wasser ist sowohl der gefrorene als auch der flüssige Zustand Realität. Was soll das bedeuten? Nun ich denke, dass wenn das Wasser seine ursprüngliche Aufgabe erfüllt, d.h. wenn es flüssig ist, dann ist es eine »kleine Blaupause«. Wenn es nun wahr ist, dass die Kraft der Worte und des Bewusstseins das Wasser im gefrorenen Zustand verändern kann, und wenn alle Materialien und Phänomene mittels Wasser ausgeformt werden können, dann ist letztendlich alles auf dieser Welt durch unsere Worte und unser Bewusstsein geschaffen.

Ich denke, dass dieser Bildband den Vers »Wir sind nur winzig kleine Menschen, aber unsere Seelen wirken gemeinsam im ganzen großen Universum« beweist. Ich bin gerührt, dass es nun auch (auch naturwissenschaftlich) bewiesen ist, dass die menschliche Kraft (Ki, A.d.Ü.) sowohl auf das Wasser als auch auf Pflanzen und Tiere wirkt und auf alles übertragen werden kann. (Mann, 67 Jahre alt, Lehrer)
Materialistisch gesehen sind alle Dinge auf dieser Erde aus den Elementen zusammengesetzt. Derzeit hat man etwa hundertacht Elemente festgestellt. Ich glaube, der Mensch besteht aus allen Elementen dieser Erde, aber die übrigen Materialien und Lebensformen sind aus weniger Elementen aufgebaut. (Unterscheiden sich niedere und höhere Lebensformen in der niedrigeren oder hohen Anzahl an elementaren Bausteinen?) Deshalb glaube ich, dass der Mensch alle Faktoren besitzt, um alle Dinge zu beeinflussen.

Herzlichen Dank für die wundervollen Fotografien. Genau wie es immer heißt, dass ein Blick mehr sagt als hundert Worte, ist es sehr überzeugend, die Formen sehen zu können. Sie haben mir wieder ins Bewusstsein gerufen, dass Atome und Moleküle ein

Bewusstsein und einen Willen haben.« (Frau, 50 Jahre alt, ohne Anstellung)
Ich habe in dem 1994 von mir veröffentlichten Buch »Anthropologie der Schwingungen« (Business Verlag) die noch dreistere Theorie aufgestellt, dass Quarks nichts anderes als Bewusstsein seien. Es dürften seitdem neue Erkenntnisse über Quarks gewonnen worden sein, und zwar anhand von Beobachtungen, die die bisher übliche Trennung von Geist und Materie in Frage stellen.

Die Betrachtung und Lektüre dieses Buches der wunderbaren Erfolge hat mich sehr gerührt. Es hat mich auch zum Nachdenken über Verschiedenes gebracht. Ist wohl das Bewusstsein nicht nur wichtig, sondern vielmehr der Ursprung aller Dinge? (Mann, 17 Jahre alt, Oberschüler)
Ich bin beeindruckt von diesem wunderbaren Kommentar eines so jungen Lesers. Wie Sie bereits sagten, glaube ich auch, dass das Bewusstsein der Ursprung aller Dinge ist.

Ich war beeindruckt von der Notwendigkeit meiner Begegnung mit diesem Buch. Mir scheint, dass meine Frage bezüglich »Die wahre Gestalt des Menschen ist Wasser« beantwortet wurde. Ich studiere die Gesetze der Schwingungen und habe nach der Lektüre dieses Buches begriffen, dass Elementarteilchen Bewusstsein sind. Für mich ist dies ein unvergleichlich wertvolles Buch. Vielen Dank.« (Frau, 51 Jahre alt, Inhaberin eines Sportgeschäftes)
Ja, genau so ist es. Das wollte ich eigentlich sagen. Danke, dass Sie mich verstanden haben.

Bisher hatte ich bereits das Gefühl, dass die Einflüsse des Unsichtbaren, der Worte und Gedanken, die Sie als Formen dargestellt haben, zueinander in Beziehung stehen müssten. Ich war jedoch sehr erstaunt, wie deutlich sich diese Formen manifestieren: Wasser, das sich je nach dem Bewusstsein des Menschen verändert. Wenn sich unser Bewusstsein ändern könnte, dann wäre es möglich, durch das Wasser allen Lebewesen eine Nachricht zu

übermitteln. Nun, ich bin jedenfalls gerührt. (Mann, 23 Jahre alt, ohne Anstellung)
Ihr Bewusstsein hat sich bereits geändert. Wollen wir an alle Lebewesen eine Nachricht senden? Zum Beispiel an die Platane in der Nähe Ihres Fensters. Sie wird sicher aufleben. Ehrlich gesagt, vor etwa zehn Jahren benutzte ich die Worte »Wortseele« oder »Gottheit« kaum. Aber, was wahr ist, ist wahr. Ich habe keine anderen Worte dafür gefunden.

Vor lauter Schönheit kamen mir die Tränen. Die Gefühle im Gebet oder in der Bitte werden wirklich weitergegeben. Ich hätte nicht gedacht, dass das Wasser so direkt reagieren würde. Vielen Dank. (Frau, 56 Jahre alt, Hausfrau)
Wenn die Herzen aller Menschen auf der Welt eins werden, dann könnte die Menschheit jede Schwierigkeit meistern. Die wunderbare Rückkehr der Apollo 13 vor dreißig Jahren ist dafür ein gutes Beispiel. Damals haben alle Menschen ungeachtet der unterschiedlichen Kulturen und Religionen dafür gebetet, dass die Astronauten wohlbehalten zurückkehren. Das hat ein Ereignis mit der Wahrscheinlichkeit von eins zu zigmillionen eintreffen lassen. Auch in diesem Sinne möchte ich dieses Buch in der ganzen Welt verbreiten.

Ich hatte schon vorher großes Interesse an Schwingungen. Ich habe oft die Erfahrung gemacht, dass Worte ein Eigenleben haben, deshalb fürchte ich schlechte Worte! Ich achte darauf, im Alltag gute Worte zu wählen und zu benutzen. Dieses Buch ist schon beim Durchblättern einfach zu verstehen. Weil es auch auf eine leicht verständliche Weise Wissen über die Schwingungen vermittelt, ist es sehr gut. Ich zeige es vielen Freunden. Vielen Dank für ein gutes Buch. (Frau, 37 Jahre alt, Hausfrau)
Der Glaube an die Wortseele ist in Japan weit verbreitet, aber das schweigende Handeln hat seit langem einen hohen Stellenwert. Ich glaube jedoch, dass das nicht richtig ist. Wenn man nichts sagt, weiß man auch nicht, ob man gehan-

delt hat. Wenn man also eine Handlung unternommen hat und die Sache schlägt fehl, dann trägt der Handelnde auch keine Verantwortung. Ich selbst handle gewöhnlich nach dem Motto »Reden und Handeln«. Deshalb werde ich oft als Aufschneider oder »Don Quixote« bezeichnet. Für meine Worte muss ich auch die Verantwortung übernehmen. Auf diese Weise habe ich mir einen Lebensstil angewöhnt, bei dem ich meine ursprünglichen Ziele verfolge.

Als ich das erste Mal das Buch in die Hand bekam, war ich gleich zutiefst bewegt. Ich glaube an die Existenz der Schwingungen und der Wortseele. Da ich selbst dieses Wissen – soweit ich kann – umsetze, bin ich Ihnen äußerst dankbar für die Beweise, die Sie dafür geliefert haben. Ich habe das Erdbeben von Kobe überlebt.«
(Mann, 57 Jahre alt, Hotelier)
Sie haben wahrscheinlich Ihr Heim im Erdbeben verloren (Ihre Adresse hat sich geändert). Wie groß damals Ihre Angst gewesen ist, können nur Sie selbst wissen, aber ich glaube daran, dass in Zukunft die Technik der Kristallfotografie zur Erdbebenvorhersage eingesetzt werden kann. Ich habe da konkrete Visionen. Durch die tägliche Überprüfung des Grundwassers und Beobachtung der Veränderung der Kristalle, kann man bestimmt Erdbeben vorhersagen. Das Wasser sollte schneller außergewöhnliche Erdbewegungen registrieren können.
Ich bin sehr beeindruckt. Als ich den Ôring-Test machte, sah ich die zu erwartenden Ergebnisse. Ich war sehr glücklich und Spaß hatte es auch gemacht! Ich finde es toll, dass immer mehr solche Bücher auf den Markt kommen, und dass das Wissen um die Wortseele und die Schwingungen weiterverbreitet werden.
(Mann, 21 Jahre alt, Beamter)
Der Ôring-Test wurde von Herrn Dr. Akihiro Ômura entwickelt. Es handelt sich um eine einfache Methode zur Messung von Schwingungsinterferenzen. Damit kann man bei der Berührung von Dingen und Phänomenen durch Beobachtung der in jedem Menschen latent vorhandenen Muskel-

reaktionen feststellen, ob eine positive oder negative Interferenz besteht. Wenn ich dabei die erwarteten Ergebnisse bekomme, dann bin ich auch sehr glücklich. Danke schön.

Es hat mich ziemlich gerührt, wie Sie sichtbar machen, dass das Gefühl der Liebe auch über Entfernungen an sein Ziel kommt. Auch das Sichtbarmachen der Schwingungen von »Amaterasu Ômikami« hat mich gerührt. (Mann, 38 Jahre alt, Beamter)
Kennen Sie das Spiel, »Wolken ausradieren?« Ich habe es in meinem Buch »Anthropologie der Schwingungen« vorgestellt: Es ist ein Spiel bei dem jeder ganz einfach Wolken zum Verschwinden bringen kann. Zuerst entscheidet man sich für eine bestimmte Wolke am Himmel. Am Anfang ist es besser, eine nicht zu große Wolke zu nehmen, so ungefähr von der Größe der Hand. Dann geht man folgendermaßen vor, während man die Wolke mit den Augen fixiert: Man darf sich dabei nicht anstrengen (nicht mit Gewalt, sondern ganz entspannt). Stellen Sie sich den Punkt in der Wolke vor, an dem die Energie von Ihrem Herzen als »Laserstrahl« direkt in die Wolke eindringt, und richten Sie den Strahl nacheinander auf die ganze Fläche der Wolke.
Sagen Sie in der Vergangenheitsform »Die Wolke ist verschwunden«. Gleichzeitig bedanken Sie sich bei der Energie »Vielen Dank«. Wolken sind Klumpen von Wasserdampf, eine Variation von Wasser. Bitte probieren Sie es einmal spielerisch aus. Die doch recht weit entfernte Wolke verschwindet innerhalb von drei bis fünf Minuten. Sie glauben sicher auch an die Wortseele und die Energie der Gebete. Andererseits kann man auch an einen wolkenlosen Himmel Wolken zaubern.

Vielen Dank für das wunderbare Buch. Ich dachte daran, dass vor langer, langer Zeit die Menschen eins mit der Natur waren. Sie konnten wohl mit dem Wasser, dem Gras, den Bäumen und Blumen, der Erde und den Wolken reden. Wenn das Wasser derart die Einstellung widerspiegeln kann, dann müssen wir

Menschen viel besser auf die unsichtbaren und unhörbaren Lebewesen und Phänomene achten, die so viel subtiler sind als wir. Wir müssen uns fragen: »Was können wir tun, um hier zu leben« und »Was dürfen wir nicht tun«? Sie haben mich zum Nachdenken gebracht, und mir klar gemacht, dass wir jetzt sofort zur Basis zurückkehren müssen. Dieses Buch öffnet Herz und Augen. (Frau, 50 Jahre alt, Selbständige)

Ich bin ganz Ihrer Meinung. In den menschlichen Zellen gibt es Milliarden von Geninformationen, und davon sind nur etwa fünf Prozent aktiviert. Wenn sie alle aktiviert wären, dann könnte der Mensch wohl mit jedem, allem und überall sprechen. Vielleicht könnte er dann auch fliegen. Sicher gibt es auch Nachteile, aber ich möchte nur die Erinnerung an das Gute wieder aktivieren und die ursprüngliche Rolle des Menschen übernehmen.

Ich habe Ihr Buch gelesen und war schockiert. Ich habe gefühlt, dass dieses Buch über ganz tiefgreifende Dinge berichtet. Zurzeit erhält man solche Informationen von allen Seiten. Irgendwie scheint es in dieser Welt einen einzigen Trick zu geben. (Mann, 46 Jahre alt, Selbständiger)

Mit »Trick« bringen Sie einen interessanten Ausdruck in die Diskussion. Aber vielleicht haben Sie auch Recht. Ich glaube nicht, dass wir die ganze Wahrheit erfahren werden, solange wir in dieser Welt leben. Ich habe jedoch ebenfalls den Eindruck, dass, wenn wir nicht aufgeben und uns anstrengen dorthin zu gelangen, wir wohl im Angesicht der Wahrheit sagen werden: »Na, so etwas. So war das also!«

Ich war sehr erstaunt. Dass die Schwingungen der menschlichen Gedanken und Worte oder der Schriftzeichen einen solchen Einfluss auf die Form der Eiskristalle ausüben können... Dieses Buch bringt uns zum Nachdenken über die Lebensweise der Menschen. (Mann, 50 Jahre alt, Selbständiger)

Ich war höchst erstaunt. Vielen Dank für dieses eindrucksvolle Buch. Ich habe sehr gut begriffen, wie wichtig die Worte »Danke«

und »Dankbarkeit« nebst den dazugehörigen Gefühlen sind. (Mann, 60 Jahre, Selbständiger)

Ich war sehr erstaunt darüber, dass das alles belebende und ernährende Wasser ein derartiges Bewusstsein besitzt und beeinflussbar ist. Das habe ich überhaupt nicht gewusst. Es wäre gut, wenn jeder auf dieser Welt sich dessen bewusst würde. (Frau, 41 Jahre, Hausfrau)

Viele Leser schrieben mir, dass sie erstaunt gewesen seien. In letzter Zeit bin ich oft erstaunt gewesen, aber meist wegen schlechter Nachrichten. Sensible Menschen wie ich möchten diese Dinge nicht so genau wissen. Als Autor freue ich mich natürlich, so vielen Lesern wieder einmal einen Grund zum positiven Erstaunen gegeben zu haben.

Nicht nur die Menschen, sondern alles Leben wird durch Schwingung aufrecht erhalten. Deshalb sucht das Leben instiktiv immer nach Anregungen aus seiner Umgebung. Das gilt ganz besonders für Menschen.

Es ist selbstverständlich, dass schlechte Anregungen eine Resonanz mit dem Schlechten in uns bilden. Das führt dann wohl zu einer Schwächung von Körper und Geist. Wenn es aber gute Anregungen sind, dann aktivieren sie unseren Körper und Geist zum Guten hin, bringen uns Stabilität und Glück. Vergleichen wir auf der Ebene der Körperchemie den Zustand von Menschen, die schlechte Nachrichten bekommen, mit ihrem Zustand wenn sie keine schlechten Nachrichten bekommen haben. In den ersteren werden negative Abläufe in Gang gesetzt, in den letzteren positive. Dies macht einen großen Unterschied im Leben der einzelnen Menschen aus.

Die Frage ist, wie lange dieses positive Erstaunen anhält. Ob wir es in uns aufsaugen und in unsere Gefühls- und Gedankenwelt einbauen oder wie wir neuerliches Erstaunen in uns selbst schaffen. Da das Thema Wasser fast mit allem etwas zu tun hat, wird der Mensch wohl zeit seines Lebens nicht mehr aus dem Staunen herauskommen. Bitte, staunen Sie weiter – ich möchte mich daran erfreuen.

Die Worte und die Wortseele

Ich habe dieses Buch auf Anraten eines Bekannten gekauft. Ich war beeindruckt von den Kristallfotografien aus den unterschiedlichen Regionen, aber besonders haben mich die deutlichen Ergebnisse der guten und schlechten Worte, guter Musik, von Personennamen und den Namen der Gottheiten erstaunt. Dieses Buch ist ein wunderbarer Bildband, der uns auf naturwissenschaftliche Weise erklärt, was in dieser Welt richtig ist. Ich bete darum, dass dieses Buch in den Konsulaten und von den Naturwissenschaftlern aller Länder, eben von vielen Menschen gelesen wird. (Mann, 38 Jahre alt, Selbständiger)

Es ist noch etwas früh, mit dieser Methode zu messen, was gut und was schlecht ist. Es ist wenigstens nötig, dass in allen Ländern mit der gleichen Methode Versuche gemacht werden und geforscht wird. Dann müssten die Bilder und Daten synchronisiert werden. Dafür muss erst noch eine wissenschaftliche Grundlage geschaffen werden.

Ich bin so glücklich, einen solch schönen Bildband anschauen zu können. Ich war sehr erstaunt über den Einfluss, den Worte und Musik haben können. Dabei fühlte ich auch eine gewisse Gnade und die Liebe Gottes (ich glaube zumindest, dass es das war). Jedenfalls war ich tief gerührt. Während wir das bisher Gesagte und Gedachte bereuen sollten, da die unüberlegt im Alltag benutzten Worte und Gedanken eine unglaubliche Kraft besitzen, sollten wir gleichzeitig, auch wenn es uns schwer fällt, schlechte Worte nicht mehr benutzen oder auch nur denken. Mir wurde wieder einmal bewusst, dass wir die Liebe leben sollten. Herzlichen Dank. Bei der Fotografie von »Engel« liefen mir die Tränen nur so über die Wangen. Aus diesem Bildband fließt eine besondere Kraft. (Frau, 41 Jahre alt, Hausfrau)

Ich bin sehr glücklich, solch eine schöne Zuschrift erhalten zu haben. Es ist sehr wichtig, schlechte Worte nicht mehr zu benutzen. Wenn dies im Endeffekt mit einem gewissen Humor einhergeht, dann dürfte es doch wohl in Ordnung sein. Wussten Sie, dass man urspünglich »humour« schrieb, und dass es einmal »Körperflüssigkeit« bedeutete? Das heißt, dass die Menschen früher gewusst hatten, dass der Humor das Wasser im Körper aktiviert. Worte sind sehr interessant.

Das ist ein wundervolles Buch! Und alle, die ihre gesamte Kraft vereint haben, um dieses Buch so schön zu gestalten, sind wunderbare Menschen. Nachdem ich einer russischen Freundin eine Fotografie schickte, hat sie angefangen, immer wenn sie ein Glas Wasser trinkt, erst einmal »Ich liebe Dich« zu sagen, so hat sie mir berichtet. (Frau, 29 Jahre alt, Bürohilfe)
Das sind ja wunderbare Nachrichten aus Russland. Wenn das dort allgemeiner Brauch wird, dann verbessern sich die Schwingungen in der ganzen Welt.

Ich bin sehr beeindruckt und haben den Bildband verschiedenen Freunden geschenkt oder mit ihnen darüber gesprochen. Die Wortseele sowie jede einzelne unserer Zellen, alles bildet Interferenzen. (Frau, 42 Jahre alt, Hausfrau)
Im Japanischen schreibt man Interferenzen mit den Zeichen für »gemeinsam« und »singen«. So kommen alle Interferenzen von Tönen. Natürlich ist ein Ton eine Schwingung, aber auch die Zellen unserer Körper, die kleine blühende Blume im Garten, das Steinchen am Wegesrand, alles, was dort existiert, hat seine eigene Schwingung (seinen eigenen Ton). Alle haben immer eine bestimmte Schwingung und ihr Frequenzbereich ist begrenzt. Selbstverständlich verändert sich diese Schwingung im Laufe der Entwicklung eines Lebewesens, aber nur innerhalb einer gewissen Bandbreite. Übrigens können die von uns freigesetzten Wortseelen diese Schwingungen frei aussenden. Deshalb können sie mit allem Interferenzen bilden und dem Partner Energie geben.

Natürlich geht das auch in umgekehrter Richtung: Die Wortseele bildet Interferenzen, wie Sie selbst sagen. Deshalb glaube ich auch, dass es sich nicht um ein irritierendes oder pseudo-religiöses Phänomen handelt, sondern um wunderbare Wissenschaft.

Ich habe den Willen des Universums zur Liebe, ja den Urgrund des Universums gespürt und bin zutiefst bewegt. Auch die Macht der Wortseele habe ich verspürt. In meinen Augen enthält Ihr Buch eine Lehre, die besser ist als alle anderen. (Frau, 74 Jahre alt, ohne Anstellung)
In der Bibel heißt es, dass Gott das Universum durch das Wort schuf. Wenn man die beiden ersten Silben der japanischen Silbenschrift zusammennimmt, dann kommt »Ai« (dt. Liebe) heraus. Der Urgrund des Universums war die Liebe. Das kann doch wohl nicht Zufall sein.

Sie haben deutlich gemacht, dass selbst bei Worten letztendlich solche mit negativen Schwingungen keine Form haben, während solche mit positiven Schwingungen schöne Formen bilden. Als Japanerin möchte ich mehr über die Wortseele wissen. (Frau, 43 Jahre alt, Bürohilfe)
Ich möchte auch mehr über die Wortseele wissen. Derzeit gibt es keine Menschen oder Schulen, die über die Wortseele lehren. Dies ist aber ein sehr wichtiges Studium für Japaner, das die Wahrheit über viele Dinge aufdecken würde. Ich möchte in Zukunft mit der Kristallfotografie dieses Thema wissenschaftlich und gleichzeitig auf eine leicht verständliche Weise erhellen und erforschen.

»Ich bin von der Form der Wortseele von »Liebe« im Kristall sehr berührt. Seit dem Tag, an dem ich diesem Buch begegnete, gibt es immer wieder Glück und erfreuliche Dinge in meinem Leben. Dieses Buch scheint eine Veränderung bei der verschmutzten Erde und den Herzen der Menschen zu bewirken.« (Frau, 50 Jahre alt, ohne Anstellung)

Ich betete darum und glaubte daran, dass bereits die Existenz dieses Buches selbst gute Wortseelen regnen lassen würde. Latent schwirren sie bereits auf der ganzen Erde herum. Zum Schluss kommt es darauf an, ob es Klick macht oder nicht.

Beim Durchblättern des Buches hatte ich das Gefühl, angezogen zu werden. So wie Sie die unsichtbaren Schwingungen in sichtbaren Formen bewiesen haben, konnte ich die große Bedeutung der Wortseele selbst fühlen. Ich habe zu Hause in der Badewanne und an den Trinkwasserflaschen Zettel mit »Liebe«, »Dankbarkeit« und »Danke« kleben.« (Frau, 37 Jahre alt, Angestellte in einem Verein)
Die Kristalle vom Wasser, das »Liebe« und »Dankbarkeit« gesehen hatte, waren wirklich schön, nicht wahr? Sie stehen nicht unabhängig voneinander, sondern vielmehr basiert die Dankbarkeit auf Liebe und die Liebe beinhaltet Dankbarkeit. Wenn sie sich so ergänzen, werden sie perfekt.

Ich war sehr erstaunt über die Ergebnisse der Versuche, dem Wasser Schriftzeichen zu zeigen. Gleichzeitig dachte ich: »Na klar!« Ich war auch aufs Neue beglückt über die wunderbare Wortseele der japanischen Sprache. Da ich bereits an die Existenz der unsichtbaren Welt (Dinge, die nicht mit dem Wissen der Menschen begriffen werden können) glaubte, bin ich sehr beeindruckt. Ich habe das Buch mit meinen zwei Kindern (4. und 6. Klasse) angesehen. Die Kinder waren ehrlich überrascht und haben sich sehr gefreut. (Frau, 37 Jahre alt, Hausfrau)
Ungefähr zehn Prozent der Erwachsenen verstehen diesen Bildband. Aber bei den Kindern ist das anders. Es gibt schon einige Lehrkräfte, die dieses Buch im Unterricht einsetzen, und es scheint, als ob die Schüler den Inhalt ohne Vorbehalt annehmen. Ich wünsche mir, dass sich möglichst viele Kinder dieses Buch ansehen. Als Autor möchte ich immer gesünder werden und voller Energie an Veröffentlichungen auf verschiedenen Gebieten arbeiten. (Ich bin ein ganz simpler Mensch, der sich sehr freut, wenn er gelobt wird. Als

Beispiel für die gute Energie der Wortseele macht mich Lob aber auch verlegen.)

Ich wusste zwar bereits, dass sich durch die Wortseele die Qualität einer Sache verändern kann, und dies war nun der Beweis dafür. Ich war sehr erstaunt, wie stark sich die Kristalle und auch das Wasser selbst unterscheiden. Dies ist ein sehr interessantes Buch. Aber wie soll das bei den Buchstaben funktionieren? Auch bei der Reaktion auf Namen hege ich so meine Zweifel. (Frau, 41 Jahre alt, Hausfrau)
Es gab auch viele andere Leser, die Zweifel am Lesen der Schriftzeichen und Namen hatten. Da dies ein wichtiger Punkt ist, möchte ich ihn im Kapitel 4 ausführlich behandeln.

Ich habe ein bisschen besser verstanden, warum man sagt, dass das Konzept der Wortseele in Japan beliebt ist. Deshalb stört es mich, wie die japanische Sprache in letzter Zeit so durcheinander gebracht wird. Wasser ist der Ursprung des Lebens, deshalb möchte ich es pfleglich behandeln. (Frau, 54 Jahre alt, Hausfrau)
Das Durcheinander in der neueren japanischen Sprache ist tatsächlich furchtbar, nicht wahr? Da ursprünglich das japanische Wort für »Kultur« sich etymologisch aus dem Schriftstück (Wort) entwickelte (ist die Veränderung, A.d.Ü), lässt dies sogar die weitere Entwicklung der japanischen Kultur vorausahnen. Auch deshalb muss ich einfach mit wissenschaftlichen Methoden die Wissenschaft von der Wortseele lehren.

Ich bin bereits sehr vielen Büchern begegnet, aber dieses hat mich am meisten berührt. Ich habe den Eindruck, es wäre sicher keine verlorene Mühe, Sutren abzuschreiben. (Frau, 52 Jahre alt, Hausfrau)
Ich denke, dass die Schriftzeichen die Bedeutung der Dinge genau treffen. Besonders die althergebrachten und tradierten Sutren bringen genauso wie die berühmten Bilder westlicher Malerei den Menschen Heilung und Freude. Auch wenn

man die dort geschriebene Bedeutung nicht versteht, werden Körper und Geist durch die wunderbaren Schwingungen gereinigt.

Ich habe zu einem sehr passenden Zeitpunkt von diesem Buch erfahren, und es hat mir sehr geholfen. Ich hatte sehr viel Freude beim Lesen. Wenn ich demnächst mit den Kindern ein Musik-Treffen veranstalte, werde ich dieses Buch benutzen, um ihnen die unsichtbare Welt der Musik zu zeigen. (Frau, 29 Jahre alt, Klavierlehrerin)

Ja, Musik kann man zwar hören, aber nicht sehen. Aber das Wasser, das Musik gehört hatte, zeigt uns, wie wir es uns kaum vorstellen konnten, unvoreingenommen in der Form seiner Kristalle, ob es sich freut, nervös ist, oder die Musik ablehnt.

»Ich bin gerührt. Man muss aufpassen, was man sagt. Auf die Gefühle, die die Grundlage für die Worte sind und darauf, was das Herz bewegt! Da ich mich für die Stimme interessiere, möchte ich Sie bitten auch die Zusammenhänge zwischen dem Wasser und der Stimme zu erforschen. (Frau, Sängerin)

Dieses Thema interessiert mich auch sehr. Ich glaube, dass selbst bei demselben »la«, je nach der Tonqualität, die Kristalle sich ändern würden. Derzeit suche ich noch geeignete Versuchsmethoden.

Als Musiker beschäftigt mich die Frage, welche Töne gut wären, um sie hervorzubringen. Die »Ton-Seele« freizusetzen, das ist doch eine heilige Handlung (Riten zur Verehrung der Götter, Zeremonien, Feste). Für die Reinigung der Erde möchte ich dies einsetzen. Das Reinigen des Wassers ist doch das Gleiche wie die Reinigung unseres Körpers und unserer Seele. Die rituelle Reinigung und die Taufe sind wichtige Zeremonien. Ich denke, wir müssen mehr »Wasser-Feste« veranstalten. (Mann, 28 Jahre alt, Musiker)

Zu den Kagura (jap. Heilige Tänze, AdÜ) gehören immer

auch Tänze. In der Regel finden hier Saiteninstrumente, Flöten und Schlaginstrumente Verwendung. Mir fällt gerade auf, dass auch das moderne Orchester aus diesen drei Gruppen besteht. Die Musik ist wohl wirklich eine heilige Handlung (ein Gottesdienst).

Da ich Instrumente herstelle, haben Sie mich über das Vorspielen von Musik zum Nachdenken gebracht. Ab jetzt möchte ich auf meine Gedanken und Worte achten. (Mann, 45 Jahre alt, Selbständiger)
Ich halte die Raumtemperatur, die Luftfeuchtigkeit und natürlich auch die Gedanken und Vorstellungen für überaus wichtig bei der Herstellung von Instrumenten. Weil die Musikinstrumente wortwörtlich Instrumente sind, die die »Ton-Seele« hervorbringen.

Mir kommt es so vor, als ob auch Rockmusik schöne Kristalle hervorbringen könnte, wenn die Musiker mit diesem Stück eine liebevolle Botschaft vermitteln wollen. Könnten Sie das nicht ausprobieren? (Frau, 33 Jahre alt, Hausfrau)
Es ist genau so, wie Sie es sagen. Der Kristall ändert sich nicht durch das Musikinstrument oder den Rhythmus, sondern vielmehr durch den Einfluss des Liedtextes.
Dieser Bildband hat mich sehr stark überrascht. Weil die Wichtigkeit der Worte deutlich sichtbar und verständlich wird. Ich interessiere mich für Worte. Durch meine Arbeit habe ich täglich Kontakt mit Kindern. Ich habe dabei den Eindruck gewonnen, dass durch den Gebrauch eines einzigen Wortes die Entwicklung der Kinder stark beeinflusst wird. Vor langer Zeit habe ich einmal zwei Paprikaschoten vorbereitet. Eine davon habe ich mit positiven Worten, die andere mit negativen Worten angesprochen und dann die Veränderungen beobachtet. Wie erwartet ist die Paprikaschote, die mit schlechten Worten angesprochen wurde, ganz anders verfault als die andere. Tatsächlich haben Worte eine starke Kraft. Dieses Buch hat mir das sehr deutlich gezeigt. (Frau, 23 Jahre alt, Kindergärtnerin)

Während die guten Worte die Kristalle in der Paprika ordnen, lassen die schlechten Worte sie durcheinander geraten. Vielleicht sollte man diese Kristalle auch die Essenz der Lebensenergie nennen. Man kann sich auch vorstellen, dass auf diese Weise ewiges Leben von endlichem getrennt wird, und je nachdem treten bestimmte Mikroben auf und bewirken Veränderungen.

Vielen Dank, dass ich Ihr Buch mit den tollen Versuchsergebnissen betrachten konnte. Ich bin auch so erzogen worden, dass man zum Gemüse und Werkzeug Worte der Dankbarkeit sagen sollte. Dann wächst das Gemüse ganz anders. Ich bedanke mich aufs Herzlichste für Ihre andauernden Forschungen zum Thema Wasser, das ja der Ursprung des Lebens ist. (Frau, 53 Jahre alt, Hochzeitsdienstleisterin)

Wie schön, dass Sie sogar das Werkzeug ansprechen. Ich möchte auch den Angestellten empfehlen, auf die gleiche Weise mit den Bürogeräten, die sie verwenden, zu verfahren. Wahrscheinlich fallen weniger Reparaturen an und der Computer bleibt eventuell sogar vor Hackern geschützt.

Ich dachte daran, dass man die Worte weise einsetzen müsse. Ich habe viel mit Menschen zu tun und habe sehr viel Freude an den Gesprächen. Durch die Begegnung mit diesem Buch habe ich aufs Neue den Beschluss gefasst, meine Dankbarkeit Menschen und Dingen gegenüber zum Ausdruck zu bringen.

Ich selbst habe mit Pflanzen experimentiert. Vielleicht ist das nur Zufall, aber als ich in diesem Sommer im Garten arbeitete, da war eine Topfpflanze von Schädlingen befallen. ›Der ist nicht mehr zu retten!‹, dachte ich. Ich setzte keine Chemikalien ein, sondern schnitt sie radikal bis auf die Wurzeln zurück. Jedesmal wenn ich sie goss, sagte ich ihr ›Halte durch!‹ oder ›Danke, dass du nicht aufgibst.‹ Dabei streichelte ich sie auch. Diese Pflanze blühte dann wunderschön auf und ich war zutiefst berührt. (Frau, 44 Jahre alt, Hausfrau)

Der weise Gebrauch von Worten im Laufe eines Tages:

Guten Morgen
Guten Appetit
Das schmeckt sehr gut
Bis bald!
Guten Tag
Wie geht es Ihnen?
Auf Wiedersehen
Hallo! Bin wieder da!
Willkommen zu Hause
Gute Nacht
Vielen Dank
Nun, wie viele dieser Worte gebrauchen Sie?

Kinder und Erziehung

Auch das Wasser strengt sich wohl an, um schön zu werden. Ich denke, man sollte jedem gegenüber nur gute Worte verwenden. Ich habe drei Kinder im Grund-, Mittel- und Oberschulalter und werde mein Bestes tun, um diesen Vorsatz einzulösen. (Frau, 40 Jahre alt, Hausfrau)
Das ist wahr: Das Wasser tut sein Bestes, um immer schön zu sein. Wie sehr es auch verschmutzt wurde, strengt es sich bis aufs Äußerste an, um einen schönen Kristall zu bilden. Das bedeutet auch, dass wir, die wir aus diesem Wasser bestehen, auch unser Bestes tun. Wenn wir das nicht tun, dann wäre das sehr schade für das Wasser. Also wollen wir uns anstrengen. Aber nicht mit Gewalt, sondern ganz natürlich!

Ich habe lange gezögert, aber jetzt habe ich das Buch endlich gekauft! Als ich sah, wie sich das Eis durch Worte verändert, fühlte ich einen Druck auf meiner Brust und fing an zu weinen. Ich dachte daran, dass ich meine tägliche Einstellung gegenüber den Kindern bessern muss! (Frau, 34 Jahre alt, Hausfrau)
Ich habe selbst auch drei Kinder, aber sie sind bereits 30, 27 und 24 Jahre alt. Es ist schade, dass ich diese Dinge nicht

schon vor zwanzig Jahren bemerkt habe. Sie schaffen es noch rechtzeitig. Tun Sie Ihr Bestes! (Ich werde auch mein Bestes tun, wenn meine Enkel auf die Welt kommen...)

Zuerst hat mich bereits die Titelseite beeindruckt. Besonders die Fotos von »Wollen wir das tun?« und »Tu das!« machten den tiefsten Eindruck auf mich. Ich habe mich wieder damit auseinandergesetzt, wie ich im vergangenen Schuljahr meinem Sohn (jetzt 4. Klasse) immer sagte »Tu das!«, wenn es um Unterricht und Tests ging. Er begann das Lernen überhaupt zu hassen. Ich habe mich mit dem Lehrer besprochen und jetzt hat mein Sohn begriffen, dass er etwas tun muss. Aber sowohl ich als auch mein Sohn sind über die beiden Fotos sehr erstaunt gewesen. (Frau, 37 Jahre alt, Angestellte)
Sie beziehen sich auf den Unterschied zwischen den Kristallen von »Wollen wir das tun« und »Tu das!« am Anfang des Buches und Ihre eigenen Erfahrungen. Selbst ich als Autor war erstaunt über die Messlatte der Kristalle.

Ich habe zwei Kinder (1. und 4. Klasse). Ich ärgere mich oft über die Kinder und sage dann auch gleich »Dummkopf« oder »alles für die Katz«. Als ich aber dieses Buch gelesen hatte, wurde ich traurig und dachte, dass ich meine Art zu denken ändern müsse. Mit Worten wie Liebe, Dankbarkeit, Danke werden die Gefühle plötzlich viel sanfter. Ich konnte selbst spüren, wie ich ruhiger wurde. Ich bin so froh, dass ich dieses Buch gefunden habe, und ich möchte mich bei Ihnen von Herzen bedanken. Immer wenn ich nun anfange, mich über die Kinder zu ärgern, denke ich: »Schau in das Buch!« Dafür habe ich es gekauft. Nun habe ich beschlossen, den Ausdruck »Willst du das bitte tun« den Kindern gegenüber zu benutzen. Ich habe schon zu oft »Tu das!« gesagt.« (Frau 40 Jahre alt, Teilzeitangestellte)
Sie sind eine direkte und aufrichtige Mutter. Ich habe unwillkürlich lächeln müssen. Das ist sehr gut. Die Kinder werden eine solche Mutter sicher sehr lieben und auch selbst dankbar sein und danke sagen können.

Ich war sehr bewegt. Ich habe das Buch mit meinen Kindern zusammen angesehen. Zu dem Zeitpunkt tauchte gerade in der Schule das Problem auf, dass Schüler andere Schüler quälen. Ich habe das gequälte Kind angesehen und gedacht, auch wenn du nichts sagst, sind doch deine Gefühle voller Hass (wörtlich Teufel, A. d. Ü.) und dass nun das gequälte Kind auch böse werden würde. Natürlich darf das andere Kind seine Kameraden auch nicht drangsalieren. Es ist aber sehr gut, dass man im Gespräch darüber an die Erfahrung der unterschiedlichen Standpunkte appellieren kann. Ich hätte gerne, dass dieses Buch in den Schulbibliotheken steht. Ich habe die Bedeutung der Gedanken erkannt und glaube nun auch an die Dinge, die man nicht mit den Augen sehen kann.« (Frau, 38 Jahre alt, Hausfrau)
Diese Zuschrift bezieht sich auf den Abschnitt »Seele, Teufel« in »Die Botschaft des Wassers«. Auch als Autor bin ich erstaunt über eine solch konkrete Anwendung der Beispiele. Ich habe mir überlegt, dass man das der ganzen Gesellschaft mit aller Deutlichkeit sagen muss.

Die unsichtbare Welt wird mit Hilfe der Naturwissenschaft erhellt. Als ich dieses Buch einem Bekannten zeigte, der als Grundschullehrer in einem Pflegeheim arbeitet, sagte dieser, dass er selbst auch ein Exemplar haben wolle. Es gäbe noch so vieles, das man im Umgang mit den Kindern einsetzen könne. (Mann, 25 Jahre alt, Angestellter)
Einer meiner Leser ging in ein solches Pflegeheim und zeigte den Kindern dort das Buch. Da sagte ein Kind, das die Sprache verloren hatte: »Schön«, als es die schönen Kristallfotografien sah. Als ich dies erfuhr, habe ich unwillkürlich weinen müssen.

Schon seit über zehn Jahren lese ich Bücher über die verschiedensten Themen und dachte, dass ich selbst bestimmt keine Vorurteile habe. Mich hat dieses Buch sehr inspiriert. Letztes Jahr wurde meine Tochter geboren. Ich schlief wenig und las hauptsächlich über Kindererziehung. Dieses Buch ist mehr als Lesen und

Verstehen, es ist eine Lehre für Mütter, die Augen aufzumachen. Ich sage doch so oft »Sei still!«, »Hör doch auf!« usw. Ich freue mich schon darauf, wenn meine Tochter sprechen lernt. (Frau, 30 Jahre alt, Hausfrau)
Durch diese Zuschriften habe ich erfahren, dass sehr viele Mütter so fühlen und denken. Deshalb freue ich mich schon auf das zukünftige Japan. Ich bin sehr dankbar, dass es solche Mütter gibt.

Das Wasser hat einen Willen und ist wahrscheinlich lebendig. Ich sehe mir das Buch mit meinen Kindern an und freue mich über diese Gelegenheit, mit ihnen über den Gebrauch von Worten oder den Umgang mit Menschen zu sprechen. Vielen Dank! Ich bin nun zuversichtlich, dass wir mit guten Schwingungen die verschmutzte Umwelt wieder in Ordnung bringen können. (Frau, 34 Jahre alt, Teilzeitangestellte)
Auch andere Leser haben in ihren Zuschriften zum Ausdruck gebracht, dass sie dieses Buch als Gelegenheit begreifen, mit ihren Kindern über den Gebrauch von Worten zu sprechen. Als Autor habe ich mir dies erhofft und bin sehr glücklich, dass dieser Wunsch in Erfüllung geht. Ein Charakteristikum dieses Bildbandes ist, dass die ganze Familie beim Anschauen erstaunt, sich berühren lässt, Spaß daran hat und Gespräche führen kann. Auch in diesem Sinn ist es eine neue Art von Buch geworden.

Dies ist unter all den Begegnungen in diesem Jahr diejenige, die mich am tiefsten berührt und die mir am meisten Freude bereitet hat. Ich bin mitten in der Kindererziehung und schimpfe oft. Aber beim Lesen dieses Buches war ich schockiert, wie sehr Ärger und das Ausdrücken von Wut den Gesprächspartner beeinflusst. Seitdem habe ich nun das Gefühl, dass meine Worte an die Kinder etwas sanfter geworden sind. (Frau, 46 Jahre alt, Hausfrau in Amerika)
Ich denke, dass »Erziehung« ursprünglich »zusammen-wachsen« bedeutete. Schließlich ist es sowohl für die Eltern wie

auch für die Kinder eine erste Erfahrung. Wenn man so tut, als ob man bereits alles weiß oder besser ist als die anderen, dann entsteht eine Kluft zwischen Eltern und Kindern.

Ich bin Lehrer an einer Oberschule. Ihr Buch zeigt ganz deutlich, wie wichtig das Bewusstsein der Menschen für die Wasser- und Umweltprobleme ist. Ich werde dieses Buch beim nächsten Schulfest benutzen. Damit möglichst viele Menschen sich für diese Probleme zu interessieren beginnen. (Mann, 51 Jahre alt, Lehrer an einer staatlichen Oberschule)
Vielen Dank. Das freut mich sehr. Da ich noch weitere solcher Zuschriften erhalten habe, bereite ich gerade Diasets zum Ausleihen vor. Bitte benutzen Sie doch auch diese Lehrmittel.

Ich bin sofort in die Schule gegangen und habe den Schülern das Buch gezeigt. Mit Erstaunen haben sie selbst erfahren, wie wichtig die Wortwahl ist. Jetzt werde ich es den anderen Lehrkräften zeigen. Da sogar der Schulleiter gesagt hat, dass er es gerne sehen würde, werde ich es im Lehrerzimmer herumgeben. Wenn die Methoden dieses Buches auch bei den Studenten und Oberschülern angewandt werden könnten, würde man sicher das Wasser in der Region und den Reichtum des eigenen Wohnortes entdecken. (Frau, 42 Jahre alt, Lehrerin)

Dieses Buch beschreibt überzeugend die Einflüsse von Worten auf die Qualität. Ich bin beeindruckt. Ich habe es sofort im Unterricht an der Mittelschule eingesetzt. Die Schüler haben sehr gut darauf reagiert. Vielen herzlichen Dank!« (Mann, 45 Jahre alt, Mittelschullehrer).

»Ich habe dieses Buch im Internet gesehen, es dann in einem Naturkostladen gefunden und sofort gekauft. Wenn Wasser auf Worte derart reagiert, wie sehr dann wohl Pflanzen (die ja Wasser enthalten) und erst Menschen. Ich habe es sofort meinen Kollegen und auch den Schülern gezeigt.« (Mann, 44 Jahre alt, Lehrer)

Auf diese Weise fing man an, »Die Botschaft des Wassers« auf vielfältige Weise im Kindergarten, Kinderhort, Grund-, Mittel- und Oberschule, an der Universität, den Nachhilfeschulen und Schulen aller Art einzusetzen. Für einen Autor das höchste Glück! Ich möchte meinen tiefsten Respekt und Dank an alle Lehrer für ihr Verständnis aussprechen.
Diese Methode könnte ab der Mittelschule, sofern sie über die technische Einrichtung verfügt, jeder benutzen, um Kristallfotografien zu machen.

Natur und Umwelt

Vielen Dank für die tollen Anregungen. Die schwere Sünde der Menschen, die dem Wasser, der Erde und der Luft solchen Schaden zugefügt hat, und die ganz und gar davon abhängige Natur, stimmten mich sehr traurig. Aber es zeigt auch die Liebe der Menschen und ihre Hoffnungen, diesen Schaden zu beheben. (Mann, 56 Jahre alt, Beamter)
Hier der Text der ersten Werbung für »Die Botschaft des Wassers« in einer Zeitung: Wasser ist die mütterliche Liebe an sich. Wie sehr es auch verletzt und vernachlässigt wird, hält es durch und überlässt uns seinen Körper. Manchmal weint es und tut uns seine Trauer zeitweise sehr heftig, dann aber auch wieder sehr sanft kund. Es wendet jedoch niemals Gewalt an. Wenn wir nun diese echte Mutterliebe erfahren, dann kehrt das Wasser zu seiner Gestalt als Gesandter einer fernen Gottheit zurück, als ob nichts gewesen sei.

Ich sehe den Fujigawa-Fluss jeden Tag. Seine Oberfläche ändert sich von Tag zu Tag. Er zeigt viele Farben, Fließgeschwindigkeiten und Wassermengen. Selbst wenn ich es mir vorstellen kann, habe ich nicht gesehen, wie solches Wasser vom Willen der Menschen beeinflusst wird. Ich denke auch darüber nach, wie die

Menschenwelt durch ein einziges Wort beeinflusst werden kann und passe jetzt bei meiner eigenen Wortwahl auf. (Frau, 45 Jahre alt, Hausfrau)
Die Kristalle des Wassers vom Shimantogawa-Fluss, die Sie auf den Farbtafeln sehen können, sind sehr schön. Sie stammen vom Mittellauf des Flusses und lassen uns spüren, welch positive Einstellung die Bewohner dieser Gegend gegenüber dem Fluss haben. Auch der Fujigawa kann so schön werden. Verbreiten Sie doch dieses Wissen in Ihrer Umgebung und probieren Sie es aus.

Der Ausdruck des Wassers in den Kristallen ist sehr direkt und erfreulich. Ich beteilige mich an den Aktivitäten zur Abschaffung von synthetischen Waschmitteln. Daran muss weitergearbeitet werden, wenn die Wasserqualität besser werden soll. Der Inhalt des Buches ist leicht zugänglich, und es ist so gut, dass ich es auch einfach Leuten zeigen kann, die keine Ahnung von Schwingungen haben. (Frau, 40 Jahre alt, Hausfrau)
Ich werde in Zukunft auch Versuche zum Verhältnis von Wasser zu Waschmitteln machen.

Ich gehe oft in die Berge zum Wandern. Das Quellwasser schmeckt sehr gut! Je nach Berg schmeckt es auch etwas anders. Aber jedes einzelne würde bestimmt ein schönes Kristallfoto ergeben. (Frau, 57 Jahre alt, Angestellte)
Das stimmt sicher. Ich möchte eine Sammlung von Kristallfotografien von Quellwasser anlegen. Der unterschiedliche Geschmack hängt nicht nur vom unterschiedlichen Mineraliengehalt ab, sondern von der Länge des Wasserlaufes, wie sehr er sich durch die Gegend windet, ob es Wasserfälle gibt, und letztendlich auch von der Temperatur.

Der Nachhilfelehrer meines Sohnes hat mir das Buch gezeigt. Es hat mich so sehr beeindruckt, dass ich mir selbst ein Exemplar gekauft habe. Auch mein Sohn ist sehr beeindruckt und denkt nun ernsthaft über Naturschutz nach. Für mich ist das Buch so etwas

wie eine »Bibel«, ein Schatz, den ich verschiedenen Menschen zeige. (Frau, 38 Jahre alt, Zahnarztgehilfin)
Das Buch als Bibel zu bezeichnen ist zuviel der Ehre, ich bedanke mich herzlichst dafür. Aber es gibt in dieser einen Welt sehr viele veröffentlichte heilige Bücher – ihre Zahl beläuft sich auf über hundert Millionen. Ich wünsche mir, dass die Menschen wenigstens ein Prozent davon lesen würden.

In den Formen der abgebildeten Kristalle habe ich die Liebe der Natur gespürt. Ich bin auch dankbar, dass ich dies durch dieses Buch erfahren durfte. Auch Kinder, die noch nicht lesen können, sehen den Unterschied im Zustand des Kristalles. Ich lebe in Tokushima, wo derzeit der Yoshino-Fluss aufgestaut werden soll und es auch andere Probleme wegen des Einflusses auf den Zustand des Nagara-Flusses und den umliegenden Atommeilern gibt. Könnte man da nicht auf der Basis von Wasserkristallen etwas ausrichten? (Frau, 26 Jahre alt, Hausfrau)
Wir haben bereits Versuche zum Fall von Tôkaimura und dem Nagara-Fluss angestellt. Die Kristalle haben Anlass zu Besorgnis gegeben. Da dies aber nur Wasserkristalle sind und diese Ergebnisse von den Wissenschaftlern als solche noch nicht anerkannt werden, ist uns auch die Regierung nicht geneigt. Zuerst ist wohl ein Umschwung in der öffentlichen Meinung notwendig. Auf dieser Ebene unterstützen wir Sie natürlich gerne.

Es ist toll, wie man das Wasser formen kann. Nachdem ich dieses Buch gelesen hatte, dachte ich mir, dass man den Umweltschutz vorantreiben müsse und zeige es nun all meinen Bekannten. Wenn das Wasser sauber wird, wird auch die Umwelt wieder gut. Selbst der Körper wird wieder gesund. Wenn man nur eine Gesellschaft schaffen könnte, in der das Wasser nicht verschmutzt wird. (Mann, 53 Jahre alt, Selbständiger)

Ja, der Grad der Wasserverschmutzung ist ein Maßstab für die Umweltverschmutzung. Ich verstehe nicht viel von der Welt des ppm (1/1 000 000) und kann ihr auch nicht vertrauen. Unsere Technologie der Eiskristallfotografie ist gar nicht so teuer. Man könnte in jeder Stadt und Gemeinde eine Anlage installieren und die Bürger selbst durch das Mikroskop schauen lassen. Das würde Spaß machen und wäre auch ziemlich beliebt. Ich wünsche mir, dass dieser Traum in Erfüllung geht.

Heilung und Gesundheit

Die Überzeugungskraft des sprachlosen Wassers hat mich stark beeindruckt. Wenn man mit Worten der Wut überschüttet und abgekanzelt wird, verzerren sich wohl die Kristalle des Blutes zu hässlichen Formen. Und ich verstehe gut, wie sich die Kristalle im ganzen Körper schön ordnen, wenn man Dank bekommt. Das gilt für einen selbst wie auch für andere Menschen. (Hiroyuki Aoki)
Dies ist eine Zuschrift von Herrn Hiroyuki Aoki, der den »Neuen Weg des Körpers« begründet hat. Herr Aoki hat bei einer internationalen Konferenz in China das Buch »Die Botschaft des Wassers« vorgestellt. Dafür hat er von vielen Zuhörern großes Lob geerntet. Vielen herzlichen Dank!

Als ich zum ersten Mal zu diesem Buch griff, interessierte es mich sehr, dass das Wasser wirklich lebt. Man hört oft, dass es gut sei, wenn eine werdende Mutter ihrem ungeborenen Kind gute Musik vorspielt. Durch dieses Buch habe ich den Hintergrund verstanden. (Frau, 43 Jahre alt, Management)
Es ist nicht nur wichtig, das Ungeborene zu erziehen, sondern auch, dass die Mutter viel gutes Wasser trinkt. Wenn eine Frau schwanger ist, sollte sie, so sehr sie Pachinko (japanisches Spiel) auch liebt, doch bitte aufhören, sich Marschmusik in einem streitsüchtigen Umfeld anzuhören.
Da ich dieses Buch nach einer Operation las, habe ich dadurch

selbst erfahren, wie es wirkt, wenn man seine eigene Energie durch positives Denken und Vorwärtsschauen, gekoppelt mit Dankbarkeit, Mitarbeit und Bescheidenheit beeinflusst. (Frau, 52 Jahre alt, Hausfrau)
Auch in der Krankheit ist die Wortseele wichtig. Es gibt Heilungsmethoden, die mit der Wortseele arbeiten, und die jeder einsetzen kann, wie z.B. bewusstes Atmen und Schweigen.

Als ich das Foto eines formvollendeten und leuchtenden Kristalles sah, war ich sehr gerührt. Da der Mensch zu siebzig Prozent aus Wasser besteht, wird wohl sein Wasseranteil auch durch sein Bewusstsein beeinflusst. Das ist ja unglaublich! Durch dieses Buch habe ich seit langem einmal wieder Herzklopfen bekommen. (Frau, 50 Jahre alt, ohne Anstellung)
Herzklopfen – das ist ein schönes Wort für positives Erstaunen. Im Japanischen schreibt man es mit demselben chinesischen Zeichen wie »quellen, sprudeln«, das heißt, es beschreibt, wie das Wasser voller Freude an die Erdoberfläche drängt, nachdem es sich unterirdisch gesammelt hat. Deshalb bedeutet »Herzklopfen«, dass das Wasser im Körper des Menschen sehr lebhaft und in einem aktiven Zustand ist. Dann funkeln die Kristalle des Wassers so schön wie Diamanten.

Wasser speichert Informationen. Auch das Herz des Menschen. Und weil das Herz der Menschen verschmutzt ist, ist es ebenso die Natur und das Wasser. Wasser speichert auch Gedanken. Da der Mensch zu siebzig Prozent aus Wasser besteht, verstehe ich auch, warum schlechte Gedanken krank machen. Sie haben bewiesen, dass das Kochen ein Akt der Liebe ist. (Frau, 23 Jahre alt, Lebensmittelverkäuferin)
Sie sind wohl noch ein junge, unverheiratete Frau. Wenn so jemand wie Sie einmal Mutter wird, dann hat Japan wieder eine Zukunft. Beim Kochen spielen die Zutaten die Hauptrolle. Um diese Zutaten gekonnt zu verbinden, braucht man

nicht nur sehr viel Wasser, sondern es hängt auch davon ab, ob mit Liebe gekocht wird oder nicht.

Wenn ich sehe, wie z.B. eine Katze vom Auto überfahren wird, dann habe ich ein ganz schlechtes Gefühl. Im Gegensatz dazu bin ich begeistert, wenn ich einen schönen Sonnenuntergang oder eine schöne Blume sehe und fühle, wie mein Herz gereinigt wird. Dann wird bestimmt auch das Wasser in meinem Körper so schön wie auf den Fotografien. Meine Lebensaufgabe ist es, so zu sprechen, dass sich die anderen daran erfreuen. (Frau, 50 Jahre alt, Hausfrau.)

Ich habe dieses Buch verschiedenen Menschen empfohlen oder geschenkt. Warum, weiß ich nicht, aber jedesmal, wenn ich mich körperlich überlastet fühle und dann die Kristalle anschaue, dann weicht der Druck von mir. Sie haben wohl Heilungskraft.(Frau, 51 Jahre alt, Teilzeitangestellte)

Wann immer ein Mensch körperlich müde ist oder seelische Probleme hat, verändern sich die Kristalle im Körper dieses Menschen. Wenn man dann schöne Kristalle betrachtet, dann entstehen Interferenzen, und die verzerrten Kristalle kehren zu ihrer schönen Form zurück. Dadurch fühlt man sich wohl geheilt.

Gottheiten und Religion

Ich habe auch etwas über die Welt der Gottheiten lernen dürfen, aber bei der Lektüre dieses Buches war ich noch viel mehr erstaunt und beeindruckt. Ich habe mich wieder darauf besonnen, wie wichtig die Wortseele und die Schwingungen der menschlichen Gedanken sind. Ich habe viel dazugelernt. Ich wünsche mir, dass Sie auch in Zukunft weiterforschen. (Frau, 58 Jahre alt, ohne Anstellung)

Ich betrachte die Begegnung von Religion und Naturwissenschaft als Schlüssel zu einem friedvollen 21. Jahrhundert. Die Technologie der Fotografie von Wasserkristallen kann hierzu große Dienste leisten. Ich möchte in meinen weiteren Forschungen diesen Gesichtspunkt noch mehr integrieren. Vielleicht könnten Sie mich dabei unterstützen?

Ich habe das Buch auf die Empfehlung eines Bekannten hin gelesen. Es war sehr interessant und hat mich tief im Herzen beeindruckt. Da aber bei der Behandlung von religiösen Themen leicht der Eindruck von Schwindelei entsteht, muss man da etwas vorsichtig sein. Wie wäre es, wenn Sie einige Versuche zum Zusammenhang zwischen den Schwingungen und Religion machten?« (Mann, 49 Jahre alt, habe mit Religion beruflich zu tun)
Vielen Dank für Ihre Meinung. Derzeit erweitere ich die Anzahl meiner Mitarbeiter und Arbeitsplätze, damit mehrere Leute sich mit einem Versuch beschäftigen können, der auch blind ablaufen soll (der Betrachter soll nicht wissen, welches Wasser er unter dem Mikroskop hat). Außerdem plane ich einige Versuche zum Thema »Wissenschaft der Schwingungen und Religion«. Herzlichen Dank.

Ich war mir bereits vorher der Wichtigkeit des Wassers bewusst, aber als ich diese Fotografien sah, wurde mir klar, dass uns das Wasser noch eine viel tiefer gehende Botschaft übermittelt. Das hat mich sehr bewegt.(Mann, 44 Jahre alt, Selbständiger)
Ich denke auch so wie Sie. Wer (oder was) schickt uns denn die Botschaft aus den tiefsten Tiefen? Ich glaube es bereits zu wissen, habe aber noch keine Bestätigung meiner Theorie. Bitte warten Sie deshalb noch ein wenig auf meine nächste Publikation.

Ich bin zutiefst berührt durch dieses Buch. Es verwissenschaftlicht die Religion und macht an Beispielen sichtbar, dass Wasser Informationen besitzt. Ich empfehle dieses Buch vielen Menschen. (Frau, 48 Jahre alt, Landwirtschaft)
In der Tat, ich denke, dass die Begegnung der Religion mit

den Naturwissenschaften für das 21. Jahrhundert am Wichtigsten ist. Die Einstellung der modernen Naturwissenschaftler, die Religion auf sich selbst zu beschränken oder sie gar zu ignorieren, kommt einer Negierung ihrer eigenen Existenz gleich. Das ist purer Schwachsinn. Gerade weil es die Religion gibt, sind die Menschen befähigt worden, ihr Wissen zu erweitern. Wenn es die Religion nicht gäbe, wäre der Mensch dumm, und die moderne Wissenschaft hätte nie entstehen können.

Ich war zu Tränen gerührt. Ich denke, es handelt sich um die unsichtbare Welt der Gottheiten. Diese Welt ist leicht verständlich aufbereitet worden. Ich wünsche mir, dass Sie weiterforschen. (Frau, 50 Jahre alt, Angestellte)
Wenn man sich das Schriftzeichen für »Tränen« genau betrachtet so kann man es als »das Wasser kehrt zurück« interpretieren. Im Sinne des Lebenskreislaufes ist es für die Aktivierung des Körpers sehr gut, Tränen zu vergießen. Ich möchte diese Welt so gestalten, dass wir viele schöne Tränen weinen können.

Ich habe erkannt, dass das Wasser eine Gottheit ist. (Mann, 64 Jahre alt, Angestellter)
Wenn das Wasser eine Gottheit ist, was ist denn dann unser sich darin spiegelndes Herz? Das ist dann auch eine Gottheit. Heißt denn das dann, dass auch wir Gottheiten sind? Über diese Schlussfolgerung sollten wir alle einmal nachdenken.

Fragen und Antworten

Frage: Ich interessiere mich sehr für das Wasser und lese vieles darüber. Das Wasser zu gefrieren und die Unterschiede dann in den Kristallen zu sehen, ist eine ganz neue Methode. Man muss aber auch darüber nachdenken, wie man den Einfluss der

Schwingungen des Betrachters ausschalten kann. Was meinen Sie? (Mann, 68 Jahre alt, ohne Anstellung)
Antwort: Nun, das ist genau so, wie Sie es sagen. Es handelt sich ja schließlich um die Welt der 200fachen Vergrößerungen. Das heißt, wir erhalten in einem Stück Eis mit einem Durchmesser von fünf Millimetern einen Kristall, der ohne Vergrößerung nur 25 Mikron, also 0,025 Millimeter groß ist, tauchen also in die Welt des Mikrokosmos ein. Deshalb wirken sich kleinste Erschütterungen oder auch tiefer oder leichter Atem aus.
Der Betrachter muss sich in einer solchen physikalischen Umgebung dementsprechend verhalten und selbstverständlich müssen seine Schwingungen in Ordnung sein. Das kann man nur durch Erfahrung herausbekommen. Wenn er es aber nicht kann, dann ist dieser Mensch für diesen Versuch ungeeignet und wird natürlich nicht damit beauftragt. Das bedeutet, dass nicht jeder für solche Experimente geeignet ist. Es gibt nun einmal geeignete und ungeeignete Menschen.
Um dieses Problem zu lösen und den Versuchsergebnissen zu einem gewissen Grad eine gewisse Stabilität zu verleihen, brauche ich die Hilfe vieler Menschen, die in verschiedenen Labors an der Durchführung dieser Experimente teilnehmen. Bitte verstehen Sie diesen Bildband als eine Sammlung von Beispielen, der eine Tendenz aufzeigt, aber keineswegs absolute Wahrheiten darlegt.

Frage: Können Sie mir sagen, wie sich die Cluster je nach Temperatur verändern. Mich interessiert, wie sich die Kristalle mit der Zeit verändern. (Mann, 63 Jahre alt, ohne Anstellung)
Antwort: Bisher wissen wir noch gar nichts über die Zusammenhänge von Eiskristallen und Clustern. Was die Temperaturen angeht, so gefrieren wir das Wasser in einem Kühlschrank bei minus 20°C, machen dann die Fotografien in einem Raum, dessen Temperatur bei minus 5°C gehalten wird. Dann steigt die Temperatur an der Oberfläche des Kristalles durch das Licht unter dem optischen Mikroskop

und wenn sie ungefähr minus 5°C erreicht hat, erscheint der Kristall. Man kann ihn ungefähr fünfzig bis sechzig Sekunden lang betrachten, bis die Temperatur 0°C erreicht hat.

Frage: Es handelt sich doch um ein physikalisches Phänomen. Wie steht es um die Wahrscheinlichkeit und um die naturwissenschaftliche Absicherung? Diese ist doch wohl notwendig, um in der Welt anerkannt zu werden. (Mann, 61 Jahre alt, Hochschullehrer)
Antwort: Wenn Sie die Wahrscheinlichkeit, dass ein Kristall entsteht, meinen, so hängt das eindeutig vom zugrunde liegenden Wasser ab. Wir machen von einer einzigen Probe fünfzig bis hundert Fotografien. Die höchste Wahrscheinlichkeit betrug bisher fünfzig Prozent, die niedrigste null Prozent.

Frage: Ich liebe Filme und glaube, dass es auch Filme mit guten und mit schlechten Schwingungen gibt. Wenn man nun Wasser vor einen Fernseher aufstellen würde, auf dem ein Videofilm läuft, dann würden sich wohl die Kristalle auch verändern. (Frau, 75 Jahre alt, Hausfrau)
Antwort: Das ist ein interessanter Vorschlag. Das werde ich gerne einmal ausprobieren. Natürlich werden sich die Kristalle verändern. Es wird wohl gut sein, den Versuch einmal mit und einmal ohne Ton zu machen.

Frage: Mehr als die Effekte von Worten und Musik auf das Wasser interessiert mich, ob man denn das Chlor aus dem Leitungswasser entfernen kann. (Mann, 26 Jahre alt, Angestellter)
Antwort: Wir haben viele Beispiele dafür, dass durch Worte und Musik Leitungswasser, das vorher keinen Kristall bildete, dann Kristalle bilden konnte. Da ich die Kristalle als eine Manifestation von Lebensenergie betrachte, denke ich, dass auf diese Weise der schädliche Einfluss des Chlors neutrali-

siert wurde. Chlor selbst dürfte aber noch enthalten sein.

Frage: Die Erklärungen zu den Fotografien waren leicht verständlich und das Buch war für mich sehr interessant. Ich habe schmerzlich empfunden, wie wichtig das Wasser ist. Übrigens, warum sehen die Kristalle manchmal rötlich und manchmal golden aus? (Mann, 27 Jahre alt, Angestellter)
Antwort: Wahrscheinlich weil die Bilder mit verschiedenen Filmen, Kameras und Mikroskopen gemacht wurden. Vielleicht liegt es an der Erfahrung des Fotografen mit der Technik oder am Licht. Was hauptsächlich golden gefärbt erscheint, zeigt »die Farbe der vom Kristall ausgehenden Energie«.

Frage: Kann man nicht die Schwingungen einer Kristallfotografie übertragen? Wenn das funktionierte, könnte man in ganz Japan und der Welt gutes Wasser herstellen. (Mann, 32 Jahre alt, Angestellter)
Antwort: Ein interessanter Vorschlag. Ich denke, dass es funktionieren könnte. Allerdings ist die Molekülstruktur des zu beeinflussenden Wassers ein Problem. Auf normales Wasser kann man zwar Schwingungen übertragen, aber diese Information verschwindet leider in wenigen Sekunden wieder. Wenn die Molekülstruktur des zu beeinflussenden Wassers sehr fein ist und es sich darüberhinaus um destilliertes Wasser handelt, dann verschwindet die Information nicht so leicht. Wenn nicht irgendein Reiz von außen kommt, dann hält sich diese Information sogar fast ewig. Dieses Wasser nennt man Microcluster-Wasser.

Frage: Es heißt, dass Schmelzwasser für den Körper gut ist. Können Sie das bestätigen? (Mann, 40 Jahre alt, Angestellter)
Antwort: Kristalle sind nur bei minus fünf bis null Grad Celsius zu sehen. Da Schmelzwasser erst später entsteht, können wir über die Qualitiät nur Vermutungen anstellen. Ich denke aber, dass dieses Wasser die für diese Jahreszeit

typische Energie mit seinen ursprünglichen Funktionen wiedergibt.

Frage: Wenn man negativ beeinflusstes Wasser, das z.B. »Teufel«, »das ist zum Kotzen« usw. gesehen hat, nun positive Worte wie »Liebe, Dankbarkeit« zeigt, ändern sich dann die Kristalle auch?
Antwort: Ja, sie werden wieder schön. »Liebe, Dankbarkeit« sind bisher die Worte mit der größten positiven Energie.

Frage: Dies ist wahrlich ein tolles Buch voller Beweismaterial. Angefangen vom Menschen, über Tiere, Pflanzen, Organisches und Anorganisches, gehört alles zu ein- und derselben Welt. Aber ist es nicht auch nötig durch weitere Experimente herauszufinden, ob es wirklich immer dieselben Kristalle sind, oder ob sie jeweils nur einen bestimmten Zeitpunkt widerspiegeln? (Mann, 76 Jahre alt, Landwirtschaft)
Antwort: Man sagt, dass das Universum im Fluss ist. Diesen Moment gibt es kein zweites Mal. In diesem Sinn wird man wohl genauso wenig genau denselben Kristall bekommen, wie es auch keine zwei gleichen Schneeflocken gibt. Nur im Falle der Tests mit Maschinen geschriebenen Zeichen, und wenn die Versuchsbedingungen genau gleich sind, sollten ziemlich ähnliche Kristalle entstehen. Das will ich selbst auch noch ausprobieren.

Frage. Ich wüsste gerne, wie die Kristalle eines Wasserfalles aussehen. (Frau, 53 Jahre alt, Hausfrau)
Antwort: Es heißt, dass man bei einem Wasserfall sofort zuschlagen muss, genauso wie bei einem Springbrunnen. Wenn man also das Wasser an Ort und Stelle gefrieren und dann sofort eine Aufnahme machen würde, kämen bestimmt sehr schöne Kristalle heraus. Wenn aber bei diesem Prozess Zeit verloren wird, dann wird es wohl schwierig werden.

Frage: Ich muss nicht unbedingt selbst Kristalle fotografieren,

aber kann ich sie selbst ganz leicht unter dem Mikroskop sehen? (Frau, Hausfrau)
Antwort: Das ist nicht ganz unmöglich, aber Sie müssen sehr geduldig sein. Gefrieren Sie im Kühlschrank zu Hause Wasser, stellen Sie ein Mikroskop auf und schauen Sie durch. Wenn Sie die Technik nicht gut beherrschen, dann schmilzt das Eis sofort weg.

Frage: *Was passiert wohl, wenn man einem Wasser aus einem anderen Land die japanischen Schriftzeichen für »Danke« zeigt? (Frau, ohne Anstellung)*
Antwort: Auch das Wasser aus fremden Ländern zeigt beim Gefrieren das japanische Schriftzeichen für »Wasser«. Wenn man deshalb »Danke« auf japanisch an die Flasche klebt, dann wird es zweifelsohne einen schönen Kristall ausbilden. (Für alle Fälle werde ich dazu einen Versuch machen.)

Frage: *Unterhalten sich die verschiedenen Wässer nicht miteinander? Stellen Sie doch einmal Wasser mit schönen Kristallen, das Leitungswasser von Tokio und Ôsaka nebeneinander für ein bis zwei Tage auf. Beeinflussen sie sich nicht gegenseitig? (Frau, 43 Jahre alt, Erzieherin im Hort)*
Antwort: Auch wenn sich die Struktur des Wassers kaum verändert, beeinflussen sie sich doch gegenseitig. Wenn nun eines dieser Wasser ein Microcluster-Wasser ist, dann dominiert es und die anderen Wasser werden von ihm beeinflusst, während dieses Wasser selbst nicht beeinflusst wird.

Frage: *Wenn die menschlichen Zellen oder Gene auf die Wortseele, oder Viren auf Worte reagieren würden, dann könnte man diese Technik in der Medizin einsetzen. (Mann, 41 Jahre alt, Steuerberater)*
Antwort: Die Struktur des menschlichen Körpers soll in zweiundvierzig Oktaven aufgebaut sein. Hier befassen wir uns mit der Welt der Frequenzen. Da nun die Frequenzen der Zellen, Bakterien, Mitochondrien usw. in diesen Bereichen

liegen, könnte man sich meiner Ansicht nach mittels Wortseelen auf den passenden Frequenzbändern mit ihnen unterhalten. Auch wenn sie von dieser Theorie keine Ahnung haben, scheint es doch Menschen zu geben, die auf diese Art und Weise heilen.
Da es sich bei der Ebene der DNA und der Viren wohl um ein höheres Frequenzband handelt, wird man sich wohl auf der Ebene der Ideen und des Bewusstseins mit ihnen unterhalten müssen.
Frage: Kann es sein, dass auch das Wasser einen Willen hat? (Mann, 31 Jahre alt, Angestellter)
Antwort: Letztendlich hat das Wasser keinen eigenen Willen. Es geht den mittleren Weg oder steht bei Null. Es hat jedoch den Auftrag, den Willen aller Dinge und Menschen widerzuspiegeln, den es dann an verschiedene Orte trägt. Auf den ersten Blick sieht es in diesem Bildband so aus, als ob das Wasser Gefühle habe, aber ich denke, dass diese Fotografien nichts anderes zeigen als Gefühle im Spiegel des Wassers.

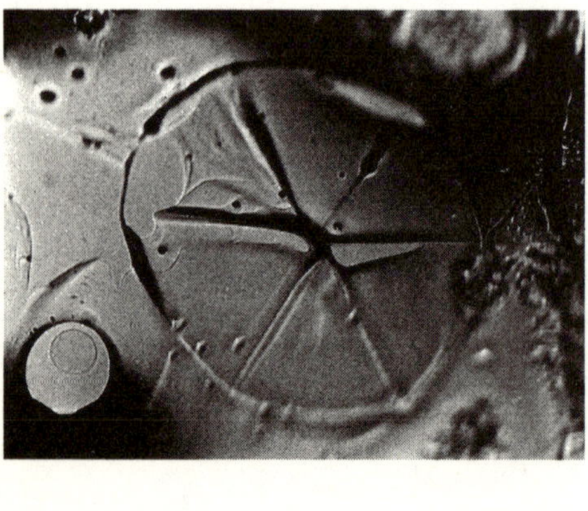

Abb. 55: Jedes Wasser zeigt beim Gefrieren das japanische Schriftzeichen für »Wasser«. Die Leute früher wussten wohl davon, als sie das Schriftzeichen erfanden.

水

Kapitel 4
Der neueste Forschungsbericht

Von den neuesten Forschungen

Im ersten und zweiten Kapitel habe ich Ihnen den Inhalt von »Die Botschaft des Wassers« und im dritten Kapitel die Reaktionen darauf sowie meine Kommentare dazu vorgestellt. Von der Veröffentlichung von »Die Botschaft des Wassers« bis zu dem Zeitpunkt, an dem ich dieses Manuskript schreibe, ist bereits fast ein Jahr vergangen.

Natürlich beschäftigen wir uns in der Zwischenzeit täglich mit neuen Themen. Wir machen täglich neue Eiskristall-Fotografien im Kälteraum, machen neue Entdeckungen und treffen auf seltsame Phänomene. Da es sich dabei zumindest teilweise um Dinge handelt, die möglichst schnell bekannt gemacht werden sollten, möchte ich Ihnen in diesem vierten Kapitel von den neuesten Forschungen nach der Veröffentlichung von »Die Botschaft des Wassers« berichten. Dazu werde ich aus unserer Monatsschrift »Hado« zitieren.

Das Wasser von Tôkaimura in der Präfektur Ibaraki zeigt die Angst und Wut der Anwohner

Wir alle erinnern uns noch recht gut an den Reaktorstörfall im Atommeiler von Tôkaimura in der Präfektur Ibaraki am 30. September 1999. Am nächsten Tag bat ich meine Mitarbeiterin, die Mitgliederliste der Internationalen Hado-Freunde der Präfektur Ibaraki auszudrucken. Es waren fünfzehn Mitglieder, die im Umkreis von zehn Kilometern um den Atommeiler wohnten. »Das geht uns alle etwas an«, dachte ich mir, während ich das älteste Mitglied anrief, das in Tôkaimura wohnte.

»Hier spricht Emoto von den Internationalen Freunden der Hado. Spreche ich mit Herrn Nakane? Das war ja furchtbar, was gestern bei Ihnen passiert ist. Es tut mir sehr leid. Dennoch hätte ich eine kleine Bitte…« Noch bevor ich mein Anliegen vortragen konnte, sagte Nakane spontan: »Sie hätten gerne das Wasser – kein Problem, das schicke ich Ihnen gleich.«

Bei diesem Telefongespräch fühlte ich es wieder ganz stark: Der Mensch braucht gute Freunde mit gleichen Interessen. Am Sonntag, den 4. Oktober kamen vier verschiedene Wässer bei mir an:
A: Regenwasser vom Morgen des 3. Oktobers;
B: Leitungswasser vom Morgen des 2. Oktobers aus dem Stadtteil Kujimachi der Stadt Hitachi;
C: Leitungswasser vom Abend des 3. Oktobers aus vierhundert Meter Entfernung vom Unglücksort und
D: Brunnenwasser vom Abend des 3. Oktobers aus vierhundert Meter Entfernung vom Unglücksort.

Ich untersuchte sofort die Schwingungen dieses Wassers und ließ Kristallfotografien machen. Die Ergebnisse der Schwingungsuntersuchung sehen Sie in folgender Tabelle:

	Immunpunkte max. 21 Punkte	**Gefühlsqualität**
A	-3	Große Angst
B	+5	–
C	+1	–
D	-3	Wut

Ich war erleichtert, dass das Leitungswasser nicht so stark beeinflusst worden war.
Da wir den Zustand des Regenwassers und des Bunnenwassers von vor dem Unfall nicht gemessen hatten, kann

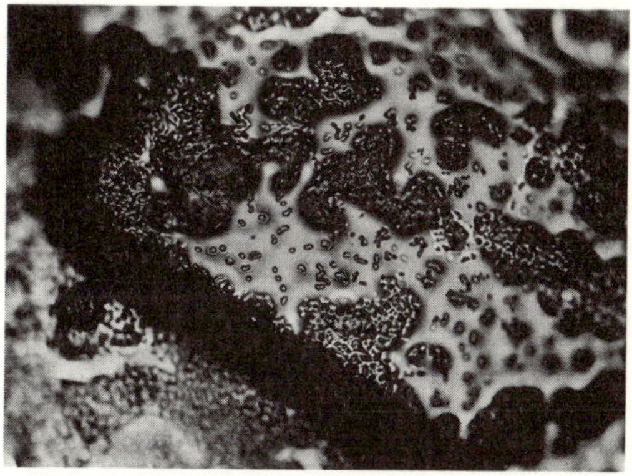

Abb. 56: (A) Regenwasser aus Tôkaimura vom Morgen des 3. Oktobers.

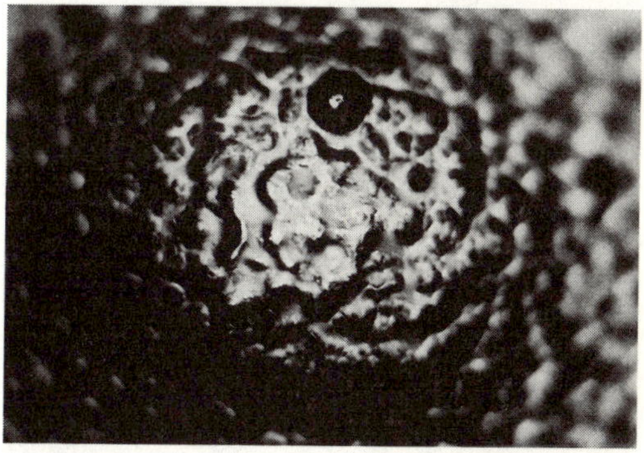

Abb. 57: (D) Brunnenwasser von Tôkaimura am Abend des 3. Oktobers.

man nichts Genaues sagen, aber der Zahlenwert allein ist niedriger geworden. Als ich nach der Ursache der negativen Werte suchte, habe ich die in obenstehender Tabelle angegebenen Gefühlsqualitäten entdeckt.

Das heißt, dass man aus dem Regen- und dem Brunnenwasser die Gefühle des kollektiven Bewusstseins der Anwohner, negative Gefühle wie Angst oder Wut, herauslesen kann. Wir können dies als Gedanken der Anwohner über eine mögliche radioaktive Verschmutzung ansehen. Damit sind die Ergebnisse auf natürliche Weise erklärt.
Wenn wir aber von den Schwingungstheorien ausgehen, dann bilden diese Gedanken Interferenzen mit den schlech-

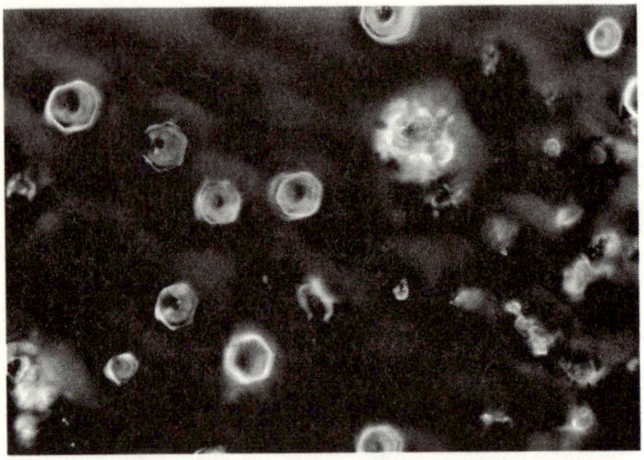

Abb. 58: Regenwasser aus Tôkaimura nach der Übertragung von neutralisierenden Schwingungen.

Abb. 59: Brunnenwasser von Tôkaimura nach der Übertragung von neutralisierenden Schwingungen.

ten Schwingungen (in diesem Fall radioaktiven Schwingungen) und verstärken sich gegenseitig. Dieses Phänomen wiederum vergrößert den Schaden.
Deshalb mussten neutralisierende Schwingungen ausgesendet werden. Auf Angst wirken die Schwingungen von »Sicherheit« neutralisierend, und auf »Wut« diejenigen von »Großzügigkeit«. In diesem Fall konnte ich, selbst wenn ich ein Anwohner gewesen wäre, bei bestem Willen keine solchen Gefühle entwickeln. Da es sich um einen dummen menschlichen Fehler handelte, konnte ich auch die Anwohner nicht einfach zu einem Gefühl von Sicherheit und einem großzügigen Herzen aufrufen.

Also entschloss ich mich für die Bitten an die Regierung und die Betreiberfirma, sobald als möglich die Sicherheit wiederherzustellen (auf eine für die Anwohner nachvollziehbare Weise), die Fragen nach der Verantwortung der Beteiligten zu stellen, auch wenn dies schwerfällt, und schließlich möglichst schnell Entschädigung zu leisten.

Auf diese Weise könnten Angst und Wut von den Menschen abfallen. Wie die Abbildungen 56 bis 59 zeigen, haben das Regen- und das Brunnenwasser, die beide negative Werte zeigten, nach der Schwingungsübertragung schöne Kristalle ausbilden können. Ich bin zuversichtlich, dass damit das Wasser wieder sicher geworden ist.

Das Wasser von Ôsaka ist besser geworden!

Von einem Einwohner Ôsakas hatte ich gehört, dass das Leitungswasser in letzter Zeit anders schmeckt und sanfter geworden ist. Auch der Chlorgeruch ist verschwunden. Deshalb habe ich erneut dieses Leitungswasser mittels Kristallfotografie untersucht.

Abb. 60: Eine Kristallfotografie des Leitungswassers von Ôsaka. November 1994.

Wenn Sie die untenstehenden Bilder betrachten, dann finden Sie, dass mehr als die Hälfte des Kristalles wunderschön ist. Wenn man dieses Ergebnis mit einer Aufnahme von vor fünf Jahren (im November 1994) vergleicht, dann ist der Unterschied unverkennbar.

Im IHM Allgemeinen Forschungslabor haben wir inzwischen von vielen verschiedenen Wassern Kristallfotografien gemacht, aber bisher hatten wir noch niemals von einem Leitungswasser einen richtigen sechseckigen Kristall gesehen. Das lag sicherlich an der Verwendung von Chlor als Desinfektionsmittel. Übrigens zeigt auch das erste Foto einen gut geformten Kristall des Leitungswassers.
Nun, warum bildet jetzt das Leitungswasser einen schönen Kristall aus? Allein die feinfühlige Art des Wassers lässt uns an mehrere Gründe denken, aber nachdem das Kristallfoto gemacht war, erhielt ich die Information, dass die Wasserwerke von Ôsaka fünfundsiebzig Milliarden Yen zur Verbesserung der Wasserqualität investierten. Seit dem März 98 wird zusätzlich zur althergebrachten Behandlung mit Chlor, auch die Behandlung mit Ozon und aktivem Kohlenstoff durchgeführt. Mittlerweile wird das ganze Stadtgebiet mit Wasser versorgt, das nach dieser neuen Methode aufbereitet wurde. Das erklärt, warum die Kristalle so schön geworden sind.

Hört das Wasser die Schwingungen der Schriftzeichen?

Von den Leserzuschriften handelten die meisten davon, dass der Leser/die Leserin von der Existenz der Wortseele überrascht und bewegt war. Ich freue mich noch heute sehr darüber, dass meine Botschaft angekommen ist.

Viele schrieben aber auch, dass sie zwar verstehen könnten, dass Wasser Musik hören könne, aber sie scheuten sich

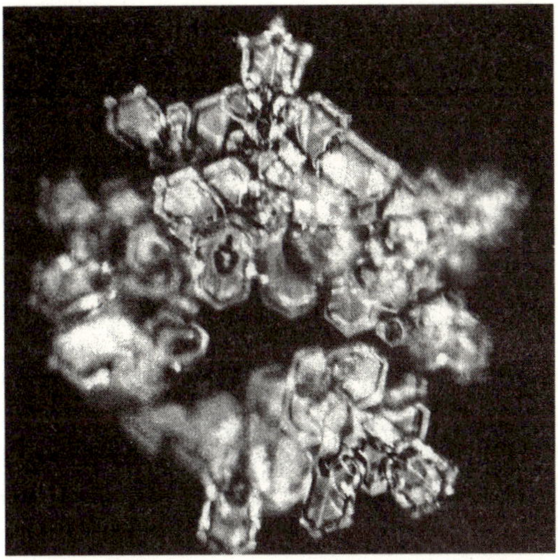

Abb. 61: Beide Kristallfotografien (Abb 61 und 62) zeigen das Leitungswasser von Ôsaka nach fünf Jahren im August 1999.
Man kann jetzt einen schönen Kristall erkennen.

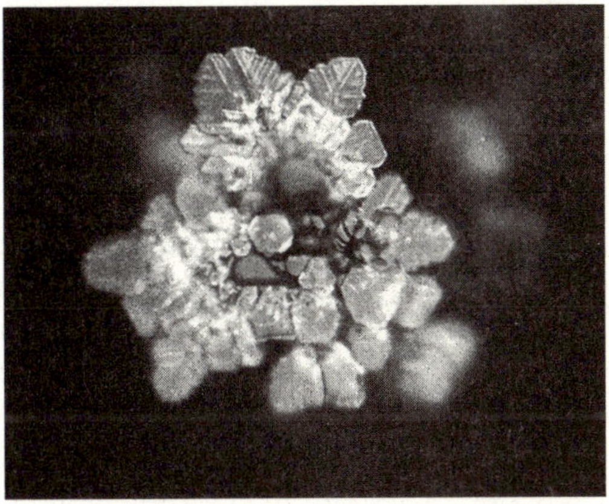

Abb. 62: Kristallfotografie des Leitungswassers von Ôsaka im August 1999.

nicht, auch ihren Zweifel darüber auszudrücken, wie man denn dem Wasser Schriftzeichen zeigen könne. Sie fragten, wie das denn funktioniere. Diese Zweifel möchte ich nun versuchen zu zerstreuen.

Betrachten Sie bitte zunächst einmal die Fotografien (Abb. 64 und 65). Hier haben wir destilliertes Wasser über Nacht auf einem Mysterienkreis stehen lassen, es dann gefroren und eine Kristallfotografie gemacht.
Wir dachten, dass der Mysterienkreis irgendeine Botschaft aussenden würde und wir versuchten die Information mittels dieses Versuches herauszufinden. Aber wie Sie selbst sehen, kommt da nur ein sogenannter UFO-förmiger Kristall heraus. Ich kann noch nicht genau sagen, was das nun bedeuten soll. Vielleicht sendet aber die Bedeutung der Form durch die Vermittlung des Wassers uns jetzt in der Form des Kristalles seine Botschaft. Diese könnte andeuten, dass dieser Kreis von einem UFO gemacht worden sei. Was denken Sie darüber?

Wenn sich einmal eine Substanz in einer bestimmten Form in dieser Welt manifestiert, dann wird der »Ort« der Manifestation die gleiche Substanz, unabhängig von Raum und Zeit, zur Annahme derselben Form beeinflussen. Dieser »Ort« wird als »Manifestationsort« bezeichnet, und der Einfluss als »Manifestationsinterferenz«. Der Biophysiker Rupert Sheldrake hat hierzu die Theorie der morphogenetischen Felder aufgestellt. Demnach können morphogenetische Felder bestimmte Handlungen und Prozesse fördern, wie zum Beispiel das Lernen oder die Entwicklung von Lebewesen. Sheldrakes Hypothese findet auch in wissenschaftlichen Kreisen in jüngster Zeit immer mehr Anhänger rund um den Globus, da sich seine Theorie nicht nur auf die Mandalas des esoterischen Buddhismus, sondern auch auf die modernen Naturwissenschaften anwenden lässt. Dabei wird Stück für Stück deutlich, dass die erste konkrete Stufe einer

Abb. 63: Wir stellten reines Wasser in einer Flasche auf eine Fotografie eines Mysterienkreises. Beim Fotografieren dieses gefrorenen Wassers unter dem Mikroskop entstanden Bilder, wie sie in Abb. 64 und Abb. 65 zu sehen sind.

Abb. 64: Die seltsamen Wasserellipsen sehen aus, als ob sie während der Drehung Licht ausstrahlen.

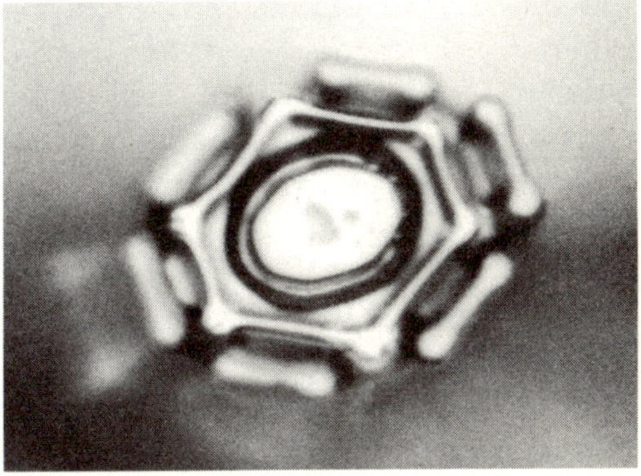

Abb. 65: Auch bei diesem UFO-förmigen Kristall habe ich noch keine Erklärung für die Botschaft des Kristalls gefunden.

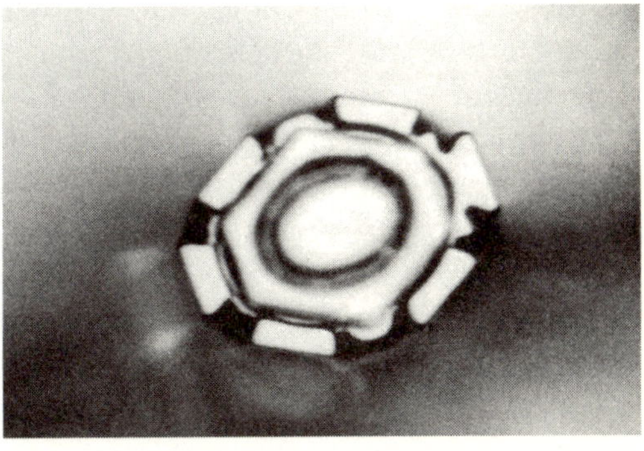

Information in seiner Form liegt. Ich vermute, dass die Technik der Kristallfotografie diese Theorie bestätigen wird.

Der Ursprung aller Existenzen und aller Phänomene ist Schwingung. Alle Dinge bestehen aus Atomen. Im Innersten eines Atoms sind alle Teilchen in Bewegung. Sie schwingen, ziehen sich an und stoßen sich ab, was durch die negative Ladung der Elektronen und die positive Ladung der Protonen verursacht wird.

Das heißt, wenn hier zum Beispiel ein mit Bleistift gemaltes Kreissymbol ist, dann hat dieses Symbol ein Schwingung, ein Dreieck dagegen hat eine andere Schwingung und ein Kreuz hat wieder eine andere. Desweiteren bringt jede Schwingung einen Ton hervor. Wir Menschen können Töne nur in bestimmten Frequenzbereichen wahrnehmen, und es gibt noch viel mehr Frequenzbänder, die wir nicht hören können. Dennoch gibt es diese Töne wie zum Beispiel den Ultraschall.

So erhalten wir dieselbe physikalische Wirkung, wenn wir einem Wasser in einem durchsichtigen Glas Schriftzeichen zeigen, oder ihm Musik vorspielen oder ihm etwas sagen. Natürlich gibt es da noch Unterschiede in der Energiestärke. Der aufmerksame Leser wird sich fragen, ob Wasser nicht immerzu die Schwingung des Glases hören würde. Wenn man das Wort »durchsichtig« im Lexikon nachschlägt, so heißt es dort unter anderem, dass ein durchsichtiger Körper Licht und andere elektromagnetische Wellen hindurchlässt. So wie dieser selbst schwingt und sich nicht mit anderen Schwingungen vermischt, so wird auch das Wasser in einem durchsichtigen Glasbehälter die Schwingungen der Schriftzeichen richtig heraushören können.

Es gibt Zweifel, wie es von Schriftzeichen zu einem Ton komme. Unter der Bedingung, dass es wahr ist, dass Schriftzeichen und Worte eine Seele haben, und weil man »Ton« im Japanischen mit »stehende Sonne« schreibt, denke ich, dass der Ton von der Sonne herkommt. Man kann es so interpretieren, dass im Endeffekt die Schwingung der Ursprung jeder Existenz ist und letztendlich von der Sonne kommt. Deshalb haben wir uns wohl auch vor langer Zeit entschlossen, die Sonne Amaterasu Ômikami (Himmelleuchtende Großgottheit) zu nennen, von dessen Schriftzeichen wir auch eine (Kristall-) Fotografie gemacht haben.

Wie ich so nach und nach diese Ergebnisse erhalte, möchte ich zum Ursprung der Worte und der Schrift zurückkehren und dazu eine Serie von Versuchen machen. Ich denke nun, dass es nötig sein wird, sich auf die ältesten japanischen Schriftzeichen, die Katakana, zu konzentrieren. Und auf keinen Fall kann man dabei die Lehre des alten Shintô-Glaubens vernachlässigen.

Vor einem solchen Hintergrund möchte ich die Ergebnisse von zwei Versuchen zum alten Shintô-Glauben vorstellen. Der eine geht um das Gebet Kannagara-tamachi-haemase, der andere um den Götternamen Asohino Ôkami. Diese

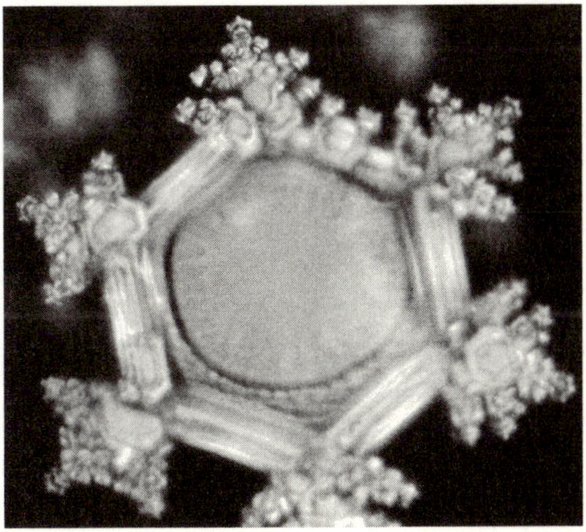

Abb. 66: Der Kristall von Amaterasu Ômikami. Sie soll alle acht Myriaden der japanischen Gottheiten in sich vereinen. Sie ist nicht nur die höchste der Gottheiten Japans, sondern regiert über das ganze Universum. Ihre Güte wird auch mit der Güte der Sonne beschrieben.

Fotografien habe ich letztes Jahr Ende November dem Shintôpriester Shinya Haruki gezeigt, als ich für meine Forschungen im Heitate-Schrein vorsprach. Obwohl der Priester nicht wusste, welche Worte das Wasser gesehen hatte, dessen Kristallfotografie er gerade betrachtete, sagte er sofort: »Ach, das ist doch wohl Asohino Ôkami, nicht wahr?« Ich war sehr erstaunt und mein Vertrauen in die Wissenschaftlichkeit unserer Versuche wuchs ein großes Stück.

Das Reinigungsfest »Danke, Biwa-See«

Das zwei Jahre lang vorbereitete Fest »Danke, Biwa-See«, bei dem Wasser mittels der Wortseele gereinigt werden sollte, fand am 24. und 25. Juli 1999 statt. Es war ein großer Erfolg, da insgesamt bis zu siebenhundert Menschen teilnahmen. Am 24. fanden Seminare, Studiengruppen und ein gemeinsames Essen statt und wir hatten zusammen einen schönen Tag. Der Höhepunkt der Veranstaltung war das gemeinsame Rezitieren der großen Deklaration bei Sonnenaufgang am 25., an dem dreihundertfünfzig Menschen teilnahmen.
Im dem Augenblick, in dem die helltönende Stimme des 97-jährigen, gottgleichen Philosophen Nobuo Shioya um den Biwa-See zu hören war, fingen auch die mehr als dreihundert gläubigen Männer und Frauen an, dem Wasser unseren Dank auszusprechen. Wir beteten um den Frieden auf der Welt und um die Reinigung des Wassers.

Als wir am Ende der zehnten Rezitation der großen Deklaration angekommen waren, zeigte sich die Morgensonne und färbte still das Gesicht der Menschen in einem warmen Rot. Einige konnten die Tränen nicht zurückhalten. Auch das Wasser in den Körpern der hier Versammelten wurde wohl gereinigt.

Abb. 67: Kannagara-tamachi-haemase: Alt-shintôistisches Gebet mit der Bedeutung »Ich überlasse alles dem Willen der Gottheiten«. Es ist nur ein kurzes Gebet, aber seine Wortseele ist sehr stark. Es wird in den alt-shintôistischen Gemeinden benutzt.

Abb. 68: Asohino Ôkami: Die altertümlichen Schriftzeichen, die auf einem Stein im Heitate-Schrein von Aso geschrieben stehen, erzählen die Geschichte von der Gottheit des Universums. Sie bestieg den Sonnenball und kam so auf die Erde hernieder. An dieser Stelle strahlte sie eine sehr starke Energie aus und ließ einen Baum wachsen, in dem sie nun wohnt. Bei dem Baum wurde ein Schrein errichtet, der als Ursprung aller japanischen Gottheiten gilt.

Dies war weltweit wahrscheinlich der erste Versuch dieser Art. Da ich diese Veranstaltung initiierte, fieberte ich natürlich während der zweijährigen Vorbereitungszeit innerlich vor Unruhe, wie denn wohl dieser Tag werden würde. Währenddessen stand ich inmitten der Freunde, die mir geholfen hatten, den eben beschriebenen, beeindruckenden Höhepunkt zu verwirklichen. Trunken von unbeschreiblichen Gefühlen faltete ich tief im Innersten meines Herzens die Hände und dankte allen, die zur Verwirklichung dieses unvergleichlichen Erlebnisses beigetragen hatten.
Später hörte ich, dass diejenigen, die an diesem Tag nicht an den Biwa-See kommen konnten, zur gleichen Zeit an einem Gewässer in ihrer Gegend gebetet und die große Deklaration

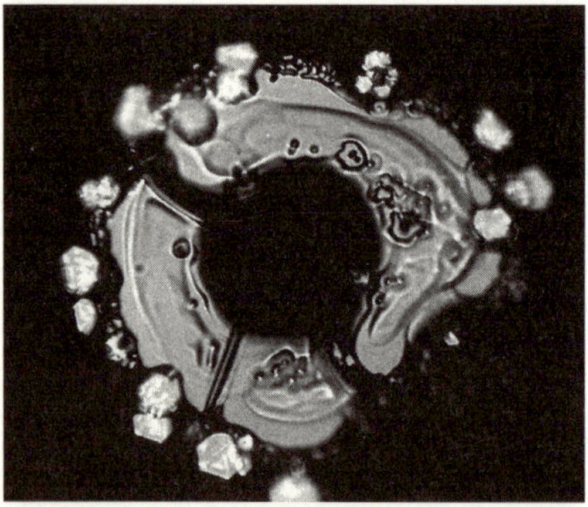

Abb. 69: Eiskristallfotografie vom Wasser des Biwa-Sees.

Abb. 70: Rezitation der großen Deklaration, bei der um den Frieden auf der Welt und die Reinigung des Wassers gebetet wurde. Mehr als 700 Menschen trafen sich zu der Veranstaltung »Danke, Biwa-See«.

rezitiert hatten. Darüber hinaus erfuhr ich, dass sich auch in Kalifornien dort lebende Japaner versammelt hatten und an diesem Fest teilnahmen. Die Freude darüber kann ich gar nicht in Worte fassen.

Ich nehme an, dass sicher das »Numinose«, das irgendwo weit entfernt im All regiert, die Augen zusammengekniffen und gedacht hat: »Hohoo, endlich sind sie auf diese Idee gekommen!«

Nun stellt sich die Frage, was danach geschah. Was wir alle an diesem Tag gemeinsam taten, war ja auch ein Schwur gewesen. Dieser Schwur durfte nicht vergeblich gewesen sein. Wenn ausgesprochene Worte vergeblich sind, dann werden sie zu Lügen. Wir alle wissen, dass, wenn ein Mensch lügt, dies ihm später eine sehr schwere Last wird. Wenn man nun vorsätzlich lügt, dann erreicht man das Gegenteil dessen, was man eigentlich wollte. In unserem Falle haben wir zuerst um den Frieden auf der Welt gebetet und geschworen, das unsere dazu beizutragen, und das sogar in der grammatischen Form der Vergangenheit. Wenn nun keine Schritte in diese Richtung hin unternommen werden, dann werden unsere Worte zur Lüge. Wir rufen dann statt Frieden Unglück in die Welt hinein. Wir haben es bereits versprochen. Wir haben die große Deklaration verlesen. Wir können nicht mehr zurück. Wir müssen all unser Wissen und all unsere Kraft investieren, damit wir das Versprochene erreichen.

Die riesige Kraft, die in der Wortseele bzw. der großen Deklaration steckt, bringt uns auch dazu, die Verantwortung für unsere Worte zu übernehmen. Sie veranlasst uns, unser tägliches Leben derart umzugestalten, dass wir unser Versprechen einlösen. »Möge die unendliche Kraft des Universums sich ganz darauf konzentrieren, dass in der Welt allein der große Friede immer neu entstehe.« Lassen Sie uns auch im kommenden Jahr wieder diese Worte am Biwa-See gemeinsam rezitieren. Bis dann!

Wasser aus der Heimat der Glühwürmchen

Rokkachô im Minamiuonuma-Kreis in der Präfektur Niigata ist berühmt für seinen vollkörnigen, glänzenden und sehr wohlschmeckenden Reis. So weit man blickt, Reisfelder und darüber wölbt sich nur der weite Himmel.

Als vor etwa drei bis vier Jahren ein Einheimischer, im Glauben, eine heiße Quelle zu finden, an einem bestimmten Ort in Rokkachô anfing zu graben, fand er keine heiße, sondern eine kalte Quelle. Er kostete davon und das Wasser schmeckte sehr gut. Immer mehr Leute erfuhren davon, besuchten die Quelle und machten sie berühmt.

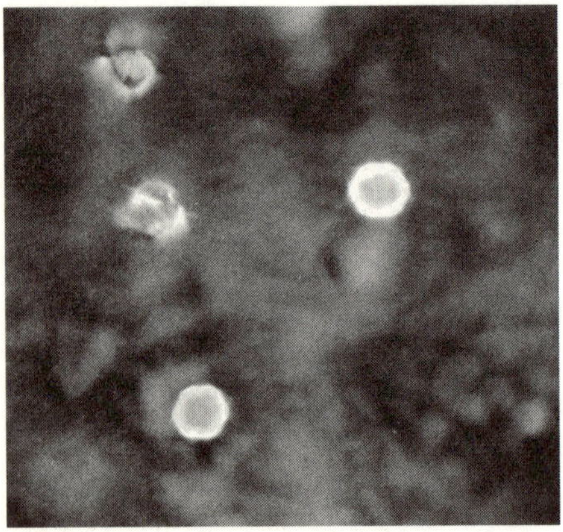

Abb. 71: Kristallfotografie des Quellwassers von Rokkachô im Minamiuonuma-Kreis in der Präfektur Niigata, das auch als »das Dorf der Glühwürmchen« bezeichnet wird. Es ist uns gelungen, die verglühenden, Licht ausstrahlenden, süßen kleinen Kristalle in Folge zu fotografieren.

Diese Kristallfotografie (Abb. 71) zeigt das gefrorene Quellwasser. Im Vergleich zu den meisten anderen Kristallen von berühmten Wässern handelt es sich hier um sehr kleine Tropfen. Viele Aufnahmen dieses Quellwassers zeigten Leuchtpunkte, die sich sehr schnell veränderten. Diese faszinierende Form verschwand jedoch nach einer kurzen Weile.

Der Landstrich, von dem diese Quelle ihr Wasser bezieht, wird »Heimat der Glühwürmchen« genannt. Wenn es auch nicht mehr so viele wie früher sind, so sieht man doch jedes Jahr im Juni und Juli die Lichter der Glühwürmchen. Das erfuhren wir, nachdem wir die Aufnahmen gemacht hatten. Als wir uns dann die Bilder noch einmal ansahen, waren wir sehr überrascht. »Glühwürmchen-Kristalle«, die Licht ausstrahlen. Eine Schar von aufflackernden Glühwürmchen.

Quellwasser des Heitate-Schreins

Diese Fotografie zeigt einen Kristall des Quellwassers, das ich vor drei Jahren auf dem Heitate-Schrein-Gelände in Minami-Aso in der Präfektur Kumamoto geschöpft hatte. Zu der Zeit wusste ich nicht, was dieses Bild zu bedeuten hatte, doch während ich fortlaufend in der Zeitschrift »Hado« in der Serie »Entdeckungsreise durch die Geschichte« über den Heitate-Schrein berichtete, erinnerte ich mich an dieses Foto.

Abb. 72: Abbildung des Kristalls von der Quelle des Heitate-Schreins in Minami-Aso in der Präfektur Kumamoto. Diese Form findet sich auch bei den Amuletten dieses Schreins wieder.

Dieser Kristall möchte ein Fünfeck bilden. Die »Fünf« steht z.B. für die fünf olympischen Ringe, welche die fünf Kontinente symbolisieren. Sie kann aber auch mit der fünffarbigen Gottheit, die im Heitate-Schrein verehrt wird, in Beziehung gebracht werden. Mit dieser Vermutung im Hinterkopf zeigte ich dieses Bild dem Priester Haruki. Dieser sagte mir mit großem Erstaunen: »Nein, dies bezieht sich nicht so sehr auf die fünffarbige Gottheit, sondern eher auf die Form der Orakelzettel in diesem Schrein.« Ich war verblüfft.

Kann man mit Wasserkristallen Erdbeben vorhersehen?

Nach dem verheerenden Erdbeben in der Türkei gab es kurze Zeit später auf Taiwan ein großes Erdbeben (21. September 1999). Da es sich um ein Nachbarland Japans handelte, war ich nicht der einzige, der befürchtete, dass nun eine Zeit der Gefahren in Japan anbrechen würde. Kurz nach dem großen Erdbeben in Taiwan suchte ein starker Taifun Japan heim, der schlimme Spuren der Verwüstung auf seinem Weg nach Norden hinterließ. In der Stadt Toyohashi in der Präfektur Aichi entwickelte sich erstmals ein starker Tornado. Sogar die Börse reagierte darauf, als wären dies Vorboten plötzlicher Veränderungen.
Dennoch kann man sagen, dass der Taifun in Japan einen verhältnismäßig geringen Schaden verursachte im Vergleich zu den Verwüstungen des großen Erdbebens in Taiwan. Die Menge an Gesamtenergie jenes Taifuns war ziemlich groß und der Unterschied im Schaden zwischen diesen beiden Ereignissen liegt auf der Hand: Bei einem Taifun kann man unter anderem genau seinen Weg voraussehen, während die Energie eines Erdbebens sich in einem Augenblick entlädt und dies sich so gut wie gar nicht voraussagen lässt.

Es gibt viele verschiedene Katastrophentheorien. Dabei können die Japaner am wenigsten die Gefahr der Erdbeben ignorieren. Meine eigenen Großeltern und ein Onkel mütterlicherseits sind unter den Opfern des großen Erdbebens von Tokio und sie ruhen noch immer unter den Ruinen der Kleidungsdepots in Tokio und Ryôgoku. Meine Mutter, die dieses Jahr neunzig wird und damals vierzehn Jahre alt war, hat mir früher öfter von dieser Katastrophenerfahrung erzählt.

Die Angst bei dem großen Erdbeben von Kobe vor fünf Jahren hat sich sicher tief in die Erinnerungen aller Japaner eingegraben. Die Angst vor Erdbeben ist darin begründet, dass man nicht weiß, wann sie auftreten können. Es wäre möglich, wie bei den Taifunen, die früher auch viele Opfer gefordert hatten, den Schaden eines Erdbebens auf ein Minimum zu begrenzen, wenn man sie vorhersagen könnte. Deshalb investiert der Staat auch viel Geld in die Vorhersage und bewilligt nahezu alle Forderungen nach Forschungsgeldern für die Erdbebenforschung. Bislang hat man jedoch noch keine angemessenen Methoden zur Vorhersage gefunden. Wir haben also immer noch ein Problem.

Da ich die Gene von Erdbebenopfern in mir trage, habe ich mehr als das übliche Maß Angst vor Erdbeben. Deshalb habe ich den festen Glauben, mit der Theorie von »Schwingungen« dem Phänomen des Erdbebens wissenschaftlich auf die Schliche kommen zu können. Schließlich habe ich einen Partner gefunden, der mich in der Gewissheit bestärkt hat, dass dies möglich werden könnte. Die Rede ist von Yasuhiko Morimoto, dem Direktor einer Computerfirma.

Vor etwa sechs Monaten lernte ich Morimoto kennen. Er sagte mir, dass er vor etwa einem Jahr einen meiner Vorträge besucht hatte. Die Eiskristallfotografien und meine Philosophie hätten ihn tief im Herzen berührt. Daraufhin hat er seine Fühler ausgestreckt, um herauszufinden, wie er mich in meiner Arbeit unterstützen kann. Schließlich hat er ein neues Material auf einer Fachkonferenz entdeckt, von dem er glaubte, dass dies etwas für mich sein könne. Es handelte sich um ein super-wärmeleitendes Material, das eine fünfundzwanzigfach bessere Wärmeleitfähigkeit hat als die üblichen Materialien. Theoretisch kann man damit bei Raumtemperatur Wasser zum Gefrieren bringen. Er fragte mich, ob ich dieses Material für die Kristallfotografie gebrauchen könne.

Mich bewegte Morimotos ernsthafte Hilfsbereitschaft. Trotz seines erwachsenen Alters wirkte er auf mich so unverdorben jugendlich und ich gab ihm zu verstehen, dass ich auf so eine Unterstützung schon lange gewartet habe. Ich bat ihn, an der Sache dran zu bleiben, und fragte ihn, ob er nicht mit mir gemeinsam dran bleiben wollte.

Morimoto machte zuerst ein etwas verdattertes Gesicht, da ich mich für sein Angebot so überschwänglich bedankt hatte. Dann entspannten sich seine Gesichtszüge und er sagte mit einem breiten Lächeln: »Schön, dass das so ist.« Seine Augen funkelten, als ob er selbst gerührt war, und er fühlte sich sichtbar wohler. Ich fühlte, wie die Freude in seinem Herzen aufstieg, dass ich gerne auf seinen Vorschlag eingehen würde.

Ich bin stolz darauf und übernehme gerne die Verantwortung dafür, dass ich die selbstentwickelte Methode der Welt vorgestellt habe, bei der Wasser gefroren und der Kristall dann unter dem Mikroskop betrachtet wird. Ich bin aber auch zutiefst gerührt, dass diese Kristallfotografien, die im Bildband »Die Botschaft des Wassers« veröffentlicht worden sind, von Ihnen so positiv beurteilt wurden. Dadurch hat sich nicht nur mein Vertrauen in diese Technik verstärkt, sondern auch mein Verantwortungsgefühl.

Ich glaube, dass diese Technik nicht die Kunst eines Masaru Emoto bleiben darf. Dafür brauche ich die Unterstützung möglichst vieler Menschen und Forschungseinrichtungen, die mit der gleichen Methode weiterforschen. Solange wir nicht unabhängig von der Person des Forschers und des Ortes ähnliche Ergebnisse erhalten, kann diese Methode nicht so der Allgemeinheit nützen, wie ich mir das wünsche.

Es ist aber nötig, einen Kühlraum einzurichten. Man muss bei Temperaturen von zirka minus 5°C arbeiten, und es ist schwierig, den ersten Kristall zu finden. Aus diesen und anderen Gründen wird es wohl noch eine ganze Weile dau-

ern, bis diese Technik in der ganzen Welt verbreitet ist. Wenn man Morimotos Vorschlag realisieren kann, brauchen uns die alten Sorgen nicht mehr zu plagen. Die Möglichkeit, Eis bei normalen Zimmertemperaturen zu erzeugen, macht sowohl den Kühlraum als auch die Gefriertruhe überflüssig. Dann können wir sogar mit tragbaren Geräten überall Kristallfotografien machen.
Dies ist die Vorgeschichte für die Entwicklungsarbeiten an Morimotos Wasserkristallbetrachtungsgerät. Während dieses halben Jahres kam er mehrmals mit immer besser funktionierenden Prototypen zu mir. Am 21. September 2000 besuchte ich zusammen mit Morimoto meinen langjährigen Forschungspartner Dr. Lee H. Lorenzen während eines seiner häufigen Japanaufenthalte im Teikoku-Hotel. Morimoto führte seinen mitgebrachten Prototypen vor. Er verteilte einen Tropfen des neuen Materials auf ein Glas Wasser, schaltete das Gerät ein und in weniger als zehn Sekunden war das Wasser gefroren.
Dr. Lorenzen freute sich sehr: » Das ist ja toll! Das wird die Forschung am Wasser beschleunigen. Da haben Sie etwas sehr Gutes erfunden!« Dann gab er uns als Spezialist in Sachen Wasserforschung noch einige gute Ratschläge.

Nun müssen wir nur noch entweder ein für dieses Gerät in der Größe passendes Mikroskop finden oder eines entwickeln lassen. Es ist so groß wie eine Zigarettenschachtel, aufklappbar und 15x5x5 Zentimeter groß. Bis Ende des Jahres werden wir mehrere Prototypen mit Mikroskop fertiggestellt haben. Diese wollen wir in unserem Forschungslabor testen und letzte Modifikationen vornehmen. Dann wird das Gerät in die Massenproduktion gehen.

Jetzt werden Sie sich wahrscheinlich fragen, was denn die Entwicklung dieses Gerätes (Morie-Gerät) zur Betrachtung von Wasserkristallen mit der Vorhersage von Erdbeben zu tun hat. Das will ich gerne erklären: Zunächst einmal ist dieses Gerät tragbar und kann an einen Computer angeschlossen werden. Somit kann die damit gemachte Kristallfotografie in kürzester Zeit über Internet an ein Datenverarbeitungszentrum geschickt werden, wo sie gespeichert und analysiert werden kann.

Nehmen wir nun einmal an, dass an einem Ort A ein Erdbeben ausbrach. Dann werden sofort die dort gewonnenen und im Zentrum gespeicherten Kristallfotografien analysiert. Dabei sollten bereits mehrere Tage oder gar mehrere Wochen vorher gewisse Veränderungen in der Kristallstruktur zu sehen sein. Ich bin überzeugt davon, dass das Wasser Schwingungsveränderungen wesentlich früher und schneller registriert als andere Materialien und es uns diese Veränderungen in seiner Kristallstruktur mitteilt.

Dann gibt es an einem Ort B ein Erdbeben und genauso werden die Kristallfotografien im Zentrum gespeichert und analysiert. Ebenfalls bei einem Erdbeben an einem Ort C und einem Ort D. Je mehr Daten wir von Erdbeben haben, desto klarer werden die Warnsignale in der Veränderung der Kristallstrukturen erkennbar. Dann wird man im Radio und Fernsehen Erdbebenwarnungen für bestimmte Orte mit Angabe der voraussichtlichen Bebenstärke geben können.

Während meiner langjährigen Erfahrungen mit der Eiskristallfotografie habe ich mich immer wieder gefragt, warum man solch verschiedene Kristalle finden kann. Ich möchte nochmals betonen, dass alle diese Kristallformen von einer Veränderung der Schwingung herrühren. Natürlich kann man dieses System nicht nur zur Erdbebenvorwarnung benutzen. Es kann bei der Beobachtung von Umweltverschmutzung oder zur Warnung vor Naturkatastrophen und Epidemien eingesetzt werden. Es könnte dazu dienen, geheime Militäraktionen genauso wie andere die Menschheit bedrohende Phänomene vorherzusagen.

Unter der Prämisse, dass die Wassermoleküle im ganzen Weltraum verbreitet sind, kann man wohl auch verschiedene Informationen aus dem Weltraum aufnehmen.

Vor allem aber glaube ich, dass das Vertrauen in diese Technik und die Hoffnungen, die sie in so vielen Menschen wecken kann, positive Schwingungen produzieren, die wiederum zur Vollendung der Technologie beitragen. So werden wir das harte Leben auf dieser Erde gemäß der Prophezeiung in Frieden genießen können.

Schlusswort
Der chaotische Ort und die Kristallfotografien

Im März 1999 kam zufällig mein Bekannter, der koreanische Professor Pak Min-Yong von der Ensey-Universität, in mein Büro. Im November davor war ich zu einer Konferenz in Seoul eingeladen gewesen, bei dem ich mit sehr vielen Dias ein zweistündiges Seminar gehalten hatte. Damals schon hatte er mir sehr geholfen. Professor Pak sagte ganz nachdenklich zu mir: »Ich finde Ihre Kristallfotografie ganz toll und würde das gerne in meinem Labor an der Universität ausprobieren. Wären Sie damit einverstanden?« Ich entgegnete ihm sofort: »Aber natürlich! Bitte, probieren Sie es doch aus. Ich habe schon darauf gewartet, dass ich gefragt werde.« Der Professor ging mit einem freudigen Gesichtsausdruck nach Hause, dann war erst einmal Funkstille. Ich hatte die Hoffnung schon aufgegeben, dass Professor Pak tatsächlich mit seiner Forschung begonnen hatte. Aber Anfang Februar rief mich der Professor plötzlich an und teilte mir mit, dass er im März nach Japan kommt, um sich nähere Anweisungen zur Kristallfotografie von mir zu holen.

In einem Fax stellte er mir detaillierte Fragen, die mir zeigten, wie gut sein Forschungslabor geeignet sein müsse und wie ernsthaft er an diesen Versuchen interessiert war. Ich freute mich sehr darüber. Hier ein kleiner Auszug aus seinem Schreiben:

Sehr geehrter Herr Emoto,
ich heiße San-Un Pak und erforsche zusammen mit Herrn Professor Min-Yong Pak an der Universität Wasserkristalle. Herzlichen Dank für Ihr Einverständnis zur Verwendung Ihrer Forschungsmethode. Ihre Ratschläge und Hilfestellungen haben uns viel geholfen…
…Nun, der wahre Anlass für meinen Brief sind einige Zweifel, die während der Versuche im Labor aufgetaucht sind.

Dann kommen dreizehn Fragen, welche die Kompetenz von San-Un Pak unterstreichen. Dann schrieb er:
Ich schicke Ihnen eine Fotografie von einem Wasser, auf das ich Schwingungen übertragen habe. Es ist demjenigen auf Seite 13 in »Die Botschaft des Wassers« sehr ähnlich, auf dem ein Microcluster-Wasser ohne Schwingungsübertragung abgebildet ist. Das andere Foto ist von einem Wasser, welches das Ki (die Energie) eines Qi-Gong-Meisters aufgenommen hat. Da ich gerade erst angefangen habe, solche Fotografien zu machen, habe ich noch Probleme mit der Technik und somit sind die Fotos nicht besonders gut geworden…

Das Foto, das er mir geschickt hatte, sehen Sie in Abb. 73. Ich war froh! Endlich, dachte ich, gibt es eine Gruppe, die genauso arbeitet wie ich und Versuche mit derselben Methode macht.

Das Foto (Abb. 73) und jenes vom Microcluster-Wasser sind sich in der Tat sehr ähnlich. Und man braucht auch nicht zu verschweigen, dass es wohl genauso aussieht wie die erste richtig gelungene Kristallfotografie (siehe Abb. 2). Das ist wohl mehr als ein Zufall. Ich hatte das Gefühl, dass es sich hier um etwas Mystisches handelte.
Durch »Die Botschaft des Wassers« habe ich viele Gleich-

Abb. 73: Kristallfotografie von San-Un Pak, einem Mann, der durch die »Botschaft des Wassers« selbst zum Forschen angeregt wurde und so hervorragende Bilder machen konnte.

gesinnte kennen gelernt. Aber das ist nur der Anfang. Interessant wird es erst ab der Veröffentlichung des 2. Teils, wenn andere ebenfalls Versuche machen. Da Unterschiede in der Betrachtungsweise immer in die universellen Kategorien von Kunst und Religion fallen, ist es unabdingbar, diese Technologie in den Alltag zu integrieren, damit ich mein Ziel erreichen kann. Deshalb habe ich mir schon immer gewünscht, dass andere Beobachter kommen.

Auch vorher hatte ich ein oder zwei solcher Anfragen, über die ich mich sehr gefreut hatte, aber danach meldeten sich die Leute nicht mehr. Sicher sind ihre Pläne gescheitert. Falls sie heimlich weiterforschen, wünsche ich mir, dass sie in die Öffentlichkeit treten, damit wir uns gegenseitig unterstützen können. Wenn wir das nicht täten, würden unsere Forschungen bedeutungslos.

Wir machen nämlich nichts anderes, als das Chaos zu erforschen. Als man in der Quantenmechanik bis zum letztendlichen Zustand der Substanzen gelangte, da existierte keine Regelmäßigkeit mehr. Die Beobachter nannten diesen Zustand »Chaos«, ohne ihn zu überwinden, (den Zustand am Anfang, als die Welt gerade erschaffen war und Himmel und Erde noch nicht voneinander getrennt waren) und daran

wurde dann eine ganze Weile nicht gerührt. Solange wir dies aber nicht herausfinden, verstehen wir nicht, wie die Welt wirklich funktioniert. Deshalb ist diese Welt, die materiell am Ende ist, derzeit in einem solchen Durcheinander.
Als Leiter eines Teams, das seit mehreren Jahren Kristallfotografien macht, bin ich zu der Überzeugung gekommen, dass diese Beobachtung selbst ein Studium des Chaos ist. Es gibt tatsächlich Orte, mit denen die Energie des menschlichen Bewusstseins allein nicht mithalten kann. Solche Orte sind Chaos. Aus dem sprichwörtlichen Durcheinander entsteht auf einmal etwas, oder es erscheint. Dieses Etwas wird durch die Entwicklung mittels des Phänomens der Interferenz zum Bauplan für die Materialisierung. So kann man jedenfalls die Eindrücke aus dieser Technologie erklären.

Wenn wir nun das Wasser gefrieren und jeder sich dann die Kristalle mit seinem eigenen Maßstab und seiner eigenen Wahrnehmung betrachtet, ist es viel besser, die Dinge so zu beschreiben, dass jeder es verstehen kann und mit einer Methode zu erforschen, die jeder ausführen kann, als mit hochkomplizierten Versuchen.

Diesen Gedanken will ich nun am Beispiel von Kontrollwasser erklären, welches die Basis für den Versuch ist. Dieses Wasser befindet sich in einem 500-ml-Behälter. Das ganze Wasser in diesem Behälter müsste also die gleiche Qualität haben. Diese 500 ml Wasser teilen wir auf gleichartige Glasfläschchen mit einem Fassungsvermögen von 100 ml auf. Dann erhalten wir also fünf Flaschen mit jeweils 100 ml des Kontrollwassers. Nun sind da fünf Beobachter, die jeweils eine Flasche Kontrollwasser erhalten. Jeder von ihnen verteilt 50 ml auf 50 Schalen zu je 1 ml. Dieser eine Milliliter wird als Tropfen in die Mitte jeder Schale gesetzt und nimmt durch die Oberflächenspannung die Form einer Halbkugel an. Vorsichtig werden nun diese Schalen in den Kühlschrank gestellt und dort aufgeschichtet. Die übrigen

50 ml des Kontrollwassers heben wir unter den gleichen Bedingungen auf wie das Ausgangswasser.

Am nächsten Tag sind die 50 Schalen pro Person, also 250 Schalen, bei einer Temperatur von minus 20°C vollständig gefroren. Und ausnahmslos zeigen alle eine Erhebung. Doch bereits die Form der Erhebung ist nicht mehr überall gleich, sondern individuell verschieden. Sie ändert sich vielleicht entsprechend der Position im Kühlschrank oder durch die Schwingungen des Betrachters, der sie in den Kühlschrank stellt. Damit will ich ausdrücken, dass bereits in der Vorbereitungsphase die Umweltbedingungen nicht rein auf eine bestimmte Form festgelegt werden können.

Deshalb können auch fünf Beobachter in der anfänglichen Konstellation nicht mehr diese einheitlichen Umweltbedingungen herstellen. Dann betrachten die fünf Beobachter – es müssen erfahrene Beobachter sein – die kleinen Eisklumpen ganz naiv unter einem 200-fach vergrößernden Mikroskop. Es dauert etwa sechzig Sekunden, bis der Kristall erscheint und dann wieder verschwindet. Deshalb braucht jeder einzelne Beobachter fünfzigmal sechzig Sekunden, also fünfzig Minuten. Diese fünfzig Minuten sind aber keine kurze Zeitspanne. Da wir uns in der Nanowelt befinden, ist der Eisklumpen in der ersten Schale, die aus dem Kühlschrank geholt wird, keinesfalls derselbe wie derjenige in der letzten Schale. Dann werden die 50 ml des Kontrollwassers auf die Schalen verteilt und in den Kühlschrank gestellt. Diese übrigen 50 ml werden jeweils mit derselben Versuchsmethode behandelt und in derselben Weise gefroren.

Wenn dieses Wasser im Versuch mit Buchstaben oder Musik eingesetzt wird, dann muss es wenigstens 24 Stunden ruhen. Die Umgebung, in der dieses Wasser abgestellt wird, kann sich von der Umgebung unterscheiden, in der das Kontrollwasser aufbewahrt wird. Ich muss also gestehen, dass die von den Naturwissenschaftlern geforderten »konstanten Versuchsbedingungen« unerfüllbar sind.

Trotzdem konnten wir die Sympathie vieler Leser des Bildbandes »Die Botschaft des Wassers« wecken. Natürlich gab es auch Leute, die fragten: »Wie bitte? Wirklich? Geht das nicht ein bisschen zu weit?« Es gab auch Menschen, die glaubten, die Bilder wären bearbeitet worden. Die Fotografien in diesem Bildband sind im Laufe von fünf Jahren entstanden. Zu keinem der Bilder gab es eine beabsichtigte Geschichte. Diesmal aber, als ich diesen Band veröffentlichen wollte, holte ich die alten Bilder wieder hervor und legte sie aus. Bei der Betrachtung erkannte ich jetzt plötzlich eine Geschichte wie ein mit Geheimtinte gemaltes Bild, die von Anfang an geplant wirkte.

Das Ergebnis war, wie ich es schon oft gesagt habe, die Sympathie der vielen Leser. Außerdem wurde es durch eine bisher unbekannte Methode und das Medium erreicht, dem der moderne Mensch am meisten Glaubwürdigkeit zuschreibt, nämlich der Fotografie.
Früher gab es viele seltsame Fotografien, z.B. von Seelen, oder solche, die eine schöne Aura zeigen. Aber diese sind zufällig entstanden. Sie waren nicht reproduzierbar. Deshalb gab es auch nur unter den Fotografen und den Menschen, die sie verstanden, gemeinsame Gefühle.
Ich glaube, dass auch auf unseren Fotografien die »Welt der Illusion« zu sehen ist. Weil es ein Bild ist, das nur bei einer Temperatur von minus fünf bis null Grad Celsius aufgenommen werden kann. Bei null Grad schmilzt das Eis und nimmt wieder seine flüssige Gestalt an. Da man diese aber nicht auf Bildern festhalten kann, finde ich es richtig, die Bilder als »aus der Welt der Illusion« zu bezeichnen.
Es gibt aber einen gravierenden Unterschied zwischen den früheren wundersamen Fotografien und unseren. Es sind beides Bilder aus derselben »Welt der Illusion«, aber während

bei der ersten Kategorie die zufällige Auslöserchance die Hauptrolle spielt, gibt es bei der zweiten Kategorie die Gewissheit, dass sie auf jeden Fall fotografierbar sind, und die Trefferquote liegt viel höher als bei fünfzig Prozent. Nun müssen wir uns fragen, woher so etwas denn kommt. Im Moment kann man, auch wenn es aufdringlich klingt, darauf

Abb. 74: Gefrorene Wassertropfen in der Schale

nur antworten: »Weil ein Mensch namens Masaru Emoto sich dies gedacht hat.« Es ist sicher auch wichtig, dass ich mir das nicht einfach nur ausgedacht, sondern dass ich es auch sofort ausprobiert habe. Außerdem war da noch mein Umfeld, das etwas normalerweise Unmögliches möglich gemacht hat. Das bedeutet auch, dass die Zeit dafür reif war.

Nun dann, lasst uns Kristalle machen!

Dr. Masaru Emoto erklärt den 25. Juli 2003 zum Welttag der Liebe und des Dankes an das Wasser. Ziel ist es, die Welt durch ein kollektives und hohes menschliches Bewusstsein mit Liebe und Dankbarkeit zu erfüllen – durch das Wasser als Medium ein Stück zum Weltfrieden beizutragen. Wir planen an einem See in Deutschland am 25. Juli 2003 eine Meditation für den Frieden abzuhalten.

Das 2. Hado Symposium zum Thema „Vom Wasserkristall zum Höheren Bewusstsein" ist am 16. November 2003 in Augsburg mit Dr. Masaru Emoto und anderen Referenten.

Information: Creation, Josef Bauer, Am Fuchsteig 6, 82067 Ebenhausen, Tel: 08178-4931, Fax: 08178-7272, e mail: creationoffice@aol.com,

Masaru Emoto
Die Antwort des Wassers
gebunden, 170 Seiten € 17,40
ISBN 3-929512-93-9

Masaru Emoto
Die Botschaft des Wassers
Band1
gebunden, 144 Seiten Bildband
€ 25,00 ISBN 3-929512-21-1

Masaru Emoto ist mit seiner Erfindung, der Wasserkristallfotografie ein Durchbruch gelungen: Was sensitive Menschen immer schon spürten und Homöopathen seit Jahrhunderten nützen – dank der Wasserkristallfotografien ist es eindrucksvoll sichtbar, dass das Wasser Informationen verschiedenster Art aufnimmt – selbst ein Gedanke überträgt sich auf das Wasser und verändert es.
In diesem Buch legt Masaru Emoto sein faszinierendes Weltbild dar. Er erklärt die Erkenntnisse, zu denen er gelangte, indem er die Ergebnisse der modernsten wissenschaftlichen Forschung mit den Resultaten verband, die er aus seinen eigenen langjährigen Wasserforschungen gewonnen hat.
Emotos zentrales Anliegen, für das er sich mit aller Kraft einsetzt, ist die Heilung des Wassers, der Menschen und der Erde. Den Weg dazu zeigen uns die wunderschönen Wasserkristallfotografien, insbesondere die von Liebe und Dankbarkeit. Sie beweisen, dass wir selbst, mit einfachsten Mitteln, schöpferisch und heilend wirken können.

Sayama

Waterspirit

Die CD "water spirit" vertont den Weg des Wassers: Von der Welle im Ozean über den Regentropfen weiter zur Quelle, die in einen Bach und Fluss mündet, um sich schließlich wieder mit dem Meer zu vereinen. Diese musikalische Reise wird dabei von energiereichen Naturklängen umrahmt.

"water spirit" ist ein idealer Begleiter für Meditation, Energierabeit und ganzheitliche Heilmethoden, weil alle Instrumente exakt auf die Planetentöne nach H. Cousto (v.a. Mond, Sonne & Erde) eingestimmt sind.

ISBN 3-929512-92-0

€ 19,50

Drunvalo Melchizedek

Die Blume des Lebens

In diesen beiden Bänden findet sich Drunvalos gesammeltes Wissen über die Geschichte unseres Universums. Ein Meisterwerk über die heilige Geometrie und die Entwicklung der Menschheit von Atlantis bis in unsere nächste Zukunft.

Die Blume des Lebens Band 1,
ISBN 3-929512-57-2
Die Blume des Lebens Band 2,
ISBN 3-929512-63-7
gebunden, je 250 Seiten,
jeweils € 24,60

Roy Martina

Emotionale Balance

Dr. Roy Martina konnte in seiner Praxis als Arzt feststellen, dass bei vielen körperlichen und geistig-seelischen Symptomen eine Emotion dahinter stand, die den Heilungsprozess behinderte. Emotional Balancing ist eine einzigartige und revolutionäre Methode und basiert auf dem uralten Wissen über die feinstofflichen Energiekanäle im Menschen. Es lässt sich leicht erlernen und zeigt uns auf einfache Weise die Beziehung zwischen unserem körperlichen Befinden und unserem Verhalten.

Gebunden, 368 Seiten,

€ 21,00 ISBN 3-929512-25-4

Glenda Green

Unendliche Liebe

Jesus spricht…

Glenda Green ist eine in den USA landesweit bekannte Malerin. Ihre Werke waren unter anderem im »Museum of the City of New York« ausgestellt. Eines Tages malte sie ein Portrait von Jesus und dabei erschien er ihr. Dies veränderte ihr Leben von Grund auf. Jesus sprach zu ihr und sie schrieb mit. Sie stellte Fragen, enthüllte die »großen Geheimnisse« über unseren Ursprung, die Erschaffung des Universums und wie wir ein glückliches und erfolgreiches Leben führen können.

360 Seiten, gebunden, € 21,00, ISBN 3-929512-19-X

Lee Carroll / Jan Tober

Die Indigo Kinder

Paperback, € 17,40
ISBN 3-929512-61-0

Dies ist das allererste Buch zum Phänomen »Indigo-Kinder«, woher sie kommen, warum sie »Indigo«-Kinder heißen u.s.w. In diesem Werk bringen Lee Carroll und Jan Tober einige hochgradig kompetente Fachleute aus Medizin, Pädagogik und Psychologie zusammen. Es geht um einen Kurswechsel beim Umgang mit diesen Kindern und deren Erziehung.

Bärbel Mohr

Nutze die täglichen Wunder – Was das Unbewusste alles mehr weiß und kann als der Verstand

Dieses Buch ist eine inspirierende Quelle von wichtigen Informationen für das tägliche Leben und Bärbel beschreibt wie sie ihren Verstand zur Ruhe bringt, wenn er ihrer Intuition zu viel reinplappert.

128 Seiten, gebunden,
€ 10,20
ISBN 3-929512-77-7

Peggy Dubro & David Lapierre

Potenziale der inneren Kraft

Das Thema Enegiearbeit wird in diesem umfassenden Buch sowohl wissenschaftlich wie auch praktisch dargestellt. Es gibt physikalisch erklärbare Gesetzmäßigkeiten für intuitiv entwickelte Rituale aus alter Zeit. Nun beeinflussen neue Muster unsere Existenz bis hin zu unseren Erbinformationen. Aufgrund dieser Veränderungen müssen wir uns auf allen Ebenen neu ausrichten. Das Verständnis unserer Energiestrukturen ermöglicht uns, reibungslos durch diesen Wachstumsprozess zu kommen.

€ 24,60 ISBN 3-929512-22-X

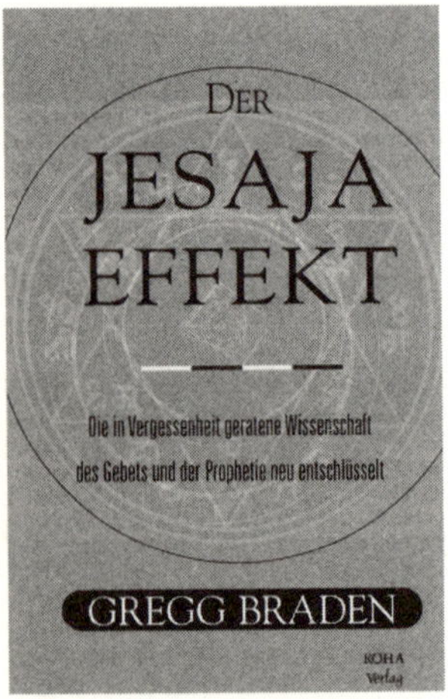

Gregg Braden

Der Jesaja Effekt

Die in Vergessenheit geratene Wissenschaft des Gebets und der Prophetie neu entschlüsselt

Uralte Vergangenheit hat einen Schimmer von Wissen drüber zurückgelassen, in welcher Beziehung wir zu der Welt und den anderen Menschen stehen. Es geht in diesem Buch um machtvolle Werkzeuge, die uns erlauben den Zustand unserer Körper und unserer Welt zu heilen.

Paperback, 256 Seiten,

€ 19,50 ISBN 3-929512-73-4